股票大作手操盘术

How To Trade in STOCKS >

珍藏版

【美】杰西·利弗莫尔（Jesse Livermore）◎著
【美】理查德·斯密特（Richard Smitten）◎编

邓力　鞠玮婕◎译

人民邮电出版社
北　京

图书在版编目（CIP）数据

股票大作手操盘术：珍藏版／（美）利弗莫尔
（Livermore, J.）著；（美）斯密特（Smitten, R.）编；
邓力，鞠玮婕译 . —北京：人民邮电出版社，2013.8
ISBN 978-7-115-32498-6

Ⅰ . ①股…　Ⅱ . ①利…　②斯…　③邓…　④鞠…　Ⅲ .
①股票交易—基本知识　Ⅳ . ①F830. 91

中国版本图书馆 CIP 数据核字（2013）第 150269 号

内 容 提 要

　　本书前半部分由传奇操盘手杰西·利弗莫尔亲笔所著，系统介绍了他自己从 40 多年的交易经验中总结出来的操盘法则。本书后半部分由理查德·斯密特完成，详细总结了他对于利弗莫尔市场交易法则的感悟和实战应用技巧，并汇集整理了他对于利弗莫尔家人的访谈和利弗莫尔散见于各种资料中的经典语录。

　　本书适合所有对金融投资技术分析感兴趣的读者学习阅读，尤其适合利弗莫尔交易思想的追随者们珍藏。

◆　著　　【美】杰西·利弗莫尔（Jesse Livermore）
　　编　　【美】理查德·斯密特（Richard Smitten）
　　译　　邓 力　鞠玮婕
　　责任编辑　王飞龙
　　责任印制　杨林杰

◆　人民邮电出版社出版发行　　北京市丰台区成寿寺路11号
　　邮编　100164　　电子邮件　315@ ptpress. com. cn
　　网址　http://www. ptpress. com. cn
　　大厂回族自治县聚鑫印刷有限责任公司印刷

◆　开本：700×1000　1/16
　　印张：13　　　　　　　　　　2013 年 8 月第 1 版
　　字数：150 千字　　　　　　2025 年 11月河北第50次印刷
　　著作权合同登记号　图字：01-2013-2168 号

定　价：45.00 元
读者服务热线：(010) 81055656　印装质量热线：(010) 81055316
反盗版热线：(010) 81055315

编辑手记

距离利弗莫尔饮弹自杀已经有半个多世纪了，但利弗莫尔的故事和交易思想却仍然被广泛传播和应用；股市已经从纸带机变为完全电子化的计算机交易，但利弗莫尔的交易法则仍然与股市的基本规律有着幽深的默契。所以与利弗莫尔有关的作品畅销至今，也算是对于那句股市名言的一个佐证：股市上没有新鲜事。

在最近的两年中，本人有幸编辑出版了多本与利弗莫尔相关的著作。其中，《股票大作手回忆录（珍藏版）》（秦凤鸣译本）系著名记者埃德文·拉斐尔所著，他在20世纪20年代初对利弗莫尔进行了连续几周的访谈，对利弗莫尔此前的投机生涯进行了颇具文学色彩的梳理，后来又将访谈笔录整理成书。几年之后的1929年，利弗莫尔在大萧条中做空赚得上亿美元，达到了自己投机事业的顶峰。而埃德文·拉斐尔也从此书开始，走上了自己职业生涯的成功之路。如今，这两个人都已逝去，但这本书仍然被摆在全世界各地书店金融投资类书架的显要位置，仅简体中文版本就有五六个之多。不同的版本之间各有千秋，而人民邮电出版社出版的秦凤鸣译本的特点是文笔优雅，也是简体中文版中唯一的精装版，适合长期收藏。

20世纪30年代末，股市仍然未从大萧条中走出，行情依然低迷，利弗莫尔的投机事业也再次陷入低谷。这时，他终于决定与同行们分享自己的秘诀，将自己四十多年来的投机交易经验加以总结和精练，亲笔写作完成了《股票大作手操盘术》。该书英文版最早于1940年出版，内容包括利弗莫尔自述的交易准则和16张交易记录图表手稿，内容不多，但都是精华，堪称现代技术分析理论的开山之作。时隔63年，银河证券的丁圣元先生经过多年的潜心研究，将利弗莫尔的图表手稿和交易原则用现代股市的曲线图加以表达和解释，翻译出版了《股票大作手操盘术——融合时间和价格的利弗莫尔准则》，成为了第一个把利弗莫尔的思想现代化的中国人。

　　而在美国，一位利弗莫尔交易思想的膜拜者——理查德·斯密特也在以另一种方式，力图让现代投资（或投机）者更充分地理解利弗莫尔在几十年前留下的这本小册子和图表。他历经几十年，四处搜集与利弗莫尔有关的资料，多次找到利弗莫尔的两个儿子以及他尚在人世的好友进行访谈，整理出了大量与利弗莫尔相关的各类记录，包括他在与亲友交谈中所表达出来的交易思想，乃至他的日常饮食起居习惯。在收录利弗莫尔的《股票大作手操盘术》原版手稿的基础上，斯密特将自己多年搜集的资料加以系统整理，并附上了多个将利弗莫尔交易法则应用于现代股市分析的实战案例，最终形成了您手上拿到的这本《股票大作手操盘术（珍藏版）》。这本书可以说是迄今为止全球各个版本的有关利弗莫尔的作品中，对于其交易思想介绍得最全面、最为通俗易懂的一部；也可以说是技术分析派投资者或者利弗莫尔交易思想的追随者的必藏之作。

　　真心希望这样一本凝结了两代人智慧和努力的著作能够使您更深入地理解投资与投机交易的真谛，让纷繁芜杂的股市在您面前变得日渐清晰。

认识传奇的杰西·利弗莫尔

本书的原作者是杰西·利弗莫尔，在这本经典著作里，除了利弗莫尔自己最真切的经验之谈，你还能读到我本人的评论和对原著内容的补充。

在这本书中，利弗莫尔的许多操盘秘密将会首次曝光，其中许多交易技巧是之前从来没有公开过的。为了掌握这些第一手的资料，我采访了利弗莫尔的家人，查看了利弗莫尔的私人手稿，跟利弗莫尔的儿子保罗·利弗莫尔进行了深入的交谈，而保罗在此之前从来没有跟外人谈起过自己的父亲。所有这些亲友的分享都能够帮助我们了解杰西·利弗莫尔是一个怎样的人，以及他又是一个怎样的交易员。

不论哪个领域，都总有那么一些出类拔萃的杰出人物：阿尔伯特·爱因斯坦、亨利·福特、托马斯·爱迪生、路易·巴斯德、居里夫人；在体育界，则有贝比·鲁斯、迈克尔·乔丹以及泰格·伍兹。为什么是这些人大获成功？为什么其他的从业者不能像他们一样有所建树？这就像一个谜题，没有人知道答案。

杰西·利弗莫尔就是这样一个人，他是投资领域的领军人物。不过，为什么在华尔街之外，人们没有听过他的大名？可能因为他是一个独来独往的人，是一个安静的人，总喜欢保持低调。他懂得沉默的伟大力量，一举一动都能掩人耳目，而且往往能够收到奇效。在整个的投资生涯中，他曾经跟别人谈论过自己操盘的秘密，也曾经忍不住打破沉默，但每次都付出了沉重的代价。于是他才告诫自己的儿子，每一次他真正亏大钱的时候，就是他听了别人的意见的时候。

他的低调和沉默已经成为了华尔街的一段传奇，媒体因此更加急切地打探他对市场的看法，希望他能够坦露自己的交易秘密。可以说，他是媒体的宠儿。虽然他一再拒绝谈论市场，但是媒体总有办法找到某些线索，虽然它们很多时候都是在谣言和臆断中捕风捉影。

当市场波动剧烈的时候，所有人都想听到利弗莫尔的看法。他 15 岁入行，第一笔交易金额只有区区 3.12 美元，但是不到 30 岁他就已经成为了百万富翁。他"引发"了 1907 年的市场大崩溃，在不到一天的时间里就净赚 300 万美元。在这场股灾中，大名鼎鼎的 J. P · 摩根为了挽救券商，不仅掏出了真金白银，还专门派人到利弗莫尔那里，拜托他不要再继续做空了。

利弗莫尔驰骋于每一个期货市场，不论是棉花、玉米还是小麦，他曾经一度拥有美国市场上所有的棉花存货。

他曾经摸过顶：1929 年大崩盘时，他成功做空，赚取了一亿美元的利润。

当然，所有这些财富都是他辛辛苦苦赚来的。当他还是一个 14 岁的小孩子时，就已经在笔记本上记录下了上千笔交易的记录。他由此不断探索盈利模式和趋势，敢于尝试自己和别人的赚钱思路，走过了一段跌宕起伏的人生。

利弗莫尔曾经对自己的儿子保罗说："通过回顾我犯下的错误和总结我身上的弱点，你能够避免差不多每个交易员和投机客都会面对的种种陷阱。基本上大家都会陷进去，但是通过学习我在市场里所经历的成败，也许你能够成功。"所以你应该找来跟利弗莫尔有关的各种书籍阅读，从而更全面地学习利弗莫尔的思想。

如今，人们其实还没有搞清楚为什么许多关键价位和图形总是惊人的相似。利弗莫尔从人性的角度对此进行了解释，他说："不管什么时候，人们在市场里总是按照一样的思维方式操作。其原因无外乎贪婪、恐惧、无知、奢望。而这就是为什么关键价位和图形不断重复的原因。"

理查德 · 斯密特

利弗莫尔的新年仪式

"下午好，利弗莫尔先生。"

"你好，阿尔弗雷德。"

这是 1923 年新年前的礼拜五。时近傍晚，利弗莫尔走进大通曼哈顿银行。他受到了银行经理阿尔弗雷德·皮尔斯的热情欢迎。利弗莫尔是这家银行最优质的客户之一，在账户上最少都保有 200 万美元的存款，以备他所称的"特殊情况"之需。在这种时候，他可能需要大笔现金进行大手笔的投资交易，或者是趁火打劫，或者是在大宗商品市场上逼仓。

阿尔弗雷德说："利弗莫尔先生，一切都为您准备就绪。"

利弗莫尔看了看自己的表，已将近五点十五分。银行已经关门了，工作人员让利弗莫尔从员工通道进入了银行。

"当然了，利弗莫尔先生。银行金库的时钟锁将在五点半关闭。就像往常一样。"

他们安静地穿过银行巨大的拱形房间，走过接待公众的零售柜台，穿过一道小门，走进了银行的内部。

利弗莫尔问："是在礼拜一早上打开门吗？"

"是礼拜一，金库的时钟锁会在礼拜一早上八点钟准时打开，就像往常一样。"

利弗莫尔说："我就是想确认一下。"

"完全理解，利弗莫尔先生，从现在到那个时候，您肯定有足够的个人空间。"

利弗莫尔说："是啊，阿尔弗雷德，我相信个人空间肯定是够的。"他手里拎着一个皮箱。

阿尔弗雷德看着这个箱子问："如果不介意的话，您能告诉我箱子里面是什么东西吗？"

"没关系的。箱子里是我整个 1923 年的交易记录。我会仔细回顾我做的每一笔交易，仔细查看我做的笔记。我对于每一笔交易都做了详细的笔记，这些记录会跟我解释当时为什么买进或者卖空，以及出场的原因。"

阿尔弗雷德半开玩笑地问："难道您交易时也会出现错单？"

"阿尔弗雷德，市场上有许多关于我的传言，但是你知道我肯定还是会出错的。我只是一个普通人。关键是如果行情跟你的头寸相背离，你要第一时间离场。我经常亏钱，这就是我这个周末要找出答案的问题——为什么我在一些交易上会亏钱。"

接下来他们走近了主金库。金库非常大，装着一扇结实的钢门。两个武装保安站在钢门的两侧。他们朝阿尔弗雷德和杰西·利弗莫尔点点头。他们知道接下来要发生什么情况。

利弗莫尔跟阿尔弗雷德穿过钢门，进入这个像山洞一样的金库。里面有许多大箱子，箱子里装满了现金。绝大多数钞票都是百元美钞，但是也有一个箱子装满了 20 元和 50 元面值的钞票。金库里有一桌、一椅、一张小床，在钞票当中还有一张简易椅。在桌子和简易椅上方还各有一盏特制的灯。

利弗莫尔走到箱子那边，箱子没有关，他看着箱子里的钞票。

"利弗莫尔先生，这里大概有 5000 万美元。准确的数目写在桌子上的便签本上。其中最新的一笔钱是今天下午 E. F·霍顿送过来的。"

杰西·利弗莫尔已经清空了他所有的头寸，不论是股票还是大宗商品期货，这是他每个新年前必做的习惯动作。他低下头，看着这些美钞。

阿尔弗雷德说："我希望能够获得这些交易的佣金，利弗莫尔先生。"

"这还不是全部。有时候市场量能不足，没有办法全部吃掉我的单子，所以有的股票可能在接下来的几周陆续抛出，所以除了少数几笔单子，变现的资金都会送过来保管。"

"什么时候你会重新开始交易？"

"很有可能从二月份开始，等我到了棕榈滩之后。"

天花板上的红灯这时开始闪烁，低沉的警报开始以 20 秒钟的间隔拉响。银行经理低头看了看表。

"利弗莫尔先生，还有五分钟金库的门就要自动关闭了。"阿尔弗雷德走向一个放在角落里的电冰箱，"您的办公室主任哈利·达奇把为您特别预定的一切都送到我们这里了。一个小时之前，他亲自把食物送了过来，我们中午的时候就已经把冰箱准备好了。面包、冷盘、色拉、饮用水、牛奶、果汁以及老式鸡尾酒。"阿尔弗雷德指着打开的冰箱说。

"谢谢你，阿尔弗雷德。这些老式鸡尾酒来的正是时候。"

"利弗莫尔先生，我现在得离开了，我有幽闭恐惧症，而且这里钱太多，让我心慌得很。"

利弗莫尔陪着阿尔弗雷德一起走到金库门边。他们两个人握了握手。"利弗莫尔先生，如果别人知道你有这样的需求，那么他们肯定认为你是一个怪人。"

"怪人是一个褒义词，阿尔弗雷德。"杰西·利弗莫尔微笑着说。此时，那两位武装保安正缓缓推着门，门即将合上了。

利弗莫尔静静地站着。门哐的一声合上了。此时，桌子和简易椅上方的灯光释放出奇怪的色调。利弗莫尔心想："可能没有人在关起门之后见过这奇怪的灯光吧，毕竟，没有人愿意主动被锁在金库里面。"

利弗莫尔转过身，走向他的桌子，而周围环抱着他的是5000万美元现钞。接下来的两天三晚，这就是他的居所。在这个像岩洞一样的金库里，他将有机会好好独处一番，从每一个角度来回顾过去一年的交易……这成了他发家之后的例行公事。

礼拜一早上，当利弗莫尔将要离开这金库的时候，他会拿上那个装满20美元和50美元钞票的箱子，在接下来的两个礼拜里面，他会将这些钱全部花光。

虽然他整个周末把自己关在一堆钱里，但是这跟一个守财奴把自己关在账房里数钱性质完全不同。在利弗莫尔的交易世界里，他一年到头都在跟数字打交道，他相信等到年底，他已经忘记了在手里数一张张钞票的感觉，那是现金的感觉、权力的感觉。

利弗莫尔需要重新亲手去摸钱，亲手感知金钱的力量。同时，他还会不停地翻动手里的文件，这让他重新考量自己手里的股票和大宗商品头寸，确认如果现在重新有机会选择，他还会不会买入这些头寸？他还有没有更好的机会？

当礼拜一早晨从金库里走出来的时候，他就会开始一次挥霍之旅，两个礼拜之后才会收手。

HOW TO TRADE In STOCKS 目录

第五章 利弗莫尔有话说——转折点 / 27

很多时候，市场会及时地给你准确的暗示，告诉你什么时候应该入场，但是前提是你要有足够的耐心去等待。同样，市场也会给你暗示，告诉你什么时候应该及时离场。"罗马不是一天建成的"，没有什么大行情会在一天或者一个礼拜就走完。

第六章 利弗莫尔有话说——损失百万美元的大错误 / 35

时机是非常重要的，没有耐心将会让你付出昂贵的代价。在这里我想分享一个教训，有一次我因为没有耐心，没有仔细把握入场时机，从而与一个价值一百万美元的盈利机会失之交臂。

第七章 利弗莫尔有话说——三百万美元的盈利 / 41

我相信，未来成功的半投资-半投机者肯定只在市场情绪合适的时候出击，他们在每一波行情中赚到的钱肯定要比单纯投机的操盘手要多，不论行情是大是小。

第八章 利弗莫尔操盘术——入场时机 / 47

"趋势反转的关键价位，对我来说就是最好的交易时机。"

第九章 利弗莫尔操盘术——资金管理 / 73

"但是不论怎样，我还是觉得对于一个投机者最关键的一点，就是为市场中出现的千载难逢的交易机会留有足够的现金。"

第一章
利弗莫尔有话说——投机的挑战

投机游戏应该是世界上最吸引人的游戏了。但是这个游戏不是什么人都能玩的：笨人、不愿动脑的懒人、没有办法控制内心情绪的人，以及想要暴富的冒险家都不适合这款游戏。一旦进入，他们将会穷困而死。

在很长一段时间里，我不太愿意参加有陌生人的晚宴。因为我不太喜欢有人跑过来坐在我身边，刚刚寒暄几句，就开始问：

"你看我怎么能够从股票市场里赚到钱？"

我年轻一点的时候，可能还会花很多时间跟他解释，如果你想要从市场里挣快钱、傻钱，你其实会遇到很多困难的；那个时候，我也可能出于礼貌，会想办法转移话题。

后来，我的回答就简单得多，只是一句硬邦邦的"我不知道"。

对这些人保持耐心不是一件容易的事情。首先，他们问我这种问题，我觉得不是对我的恭维，因为我挣的不是快钱，我是花了很多时间对投资和投机进行了科学的研究的。这就好像是问一个律师或者外科医生："您觉得我应该怎么当律师，怎么赶快赚到钱？或者，您觉得我应该怎么当外科医生来赚快钱？"

这本身就不是一个明智的问题。

但是，我还是认为，许多想要在股票市场中投资和投机的普通人，是愿意花时间精力去提高自己的投资回报的；关键是要有人给他们提供指导，给他们指引正确的方向。这本书就是为这些愿意努力花时间的投资者写的。我的目的就是在书里囊括我这一辈子投机生涯中的关键点，以及我从这些成功和失败中学到的经验和教训。通过所有这些经验，我总结出了交易的"时间因素"理论，我认为这是一次成功的投机中最关键的因素。

但是在我们进行更加深入的探讨之前，让我把丑话说在前面：你究竟能不能获得成功，直接取决于你对自己有多诚实、有多坦白：你的交易记录记得怎么样？你有没有主动思考？你有没有凡事得出自己的结论？

你不可能看一本关于保持身体健康的书，但是请别人帮你按照书里的建议去锻炼身体。你也不可能根据本书接下来的内容认真学习入场时机、资金管理和情绪控制的理念，严格按照我的交易原则操作，而让另外一个人帮你做交易记录。我最多只能帮你照亮前行的路，通过我的指导，如果你在股市从中赚走的钱比投入的更多，那么我将十分欣慰。

这本书就是写给那些多少有一些投机倾向的人的。我会告诉这部分读者，我在多年投资和投机的生涯里一路积累下来的想法和总结的要领。任何想要开始投机的人都应该把投机看成是一门生意，并且把它当做生意来经营，而不要像绝大多数人一样，把它当做是纯粹的赌博。

如果我说的"投机是一门生意"这一前提成立的话，那么从事这门生意的人就应该下定决心，学习和掌握这门生意，学习和掌握他们能够找到的最全面、最深刻的信息。在我四十年的投机生涯中，我一直致力于将投机变成一门成功的生意，我已经发现了许多可以应用到投机生意上的要领。而且我发现的要领还在不断增多。

很多时候，我上床睡觉的时候还在思考，反省自己为什么没有预见到一波即将来临的行情。几个小时后，我在凌晨醒来，突然间想到了一个全新的点子。我根本等不到第二天天亮，就迫不及待地对照记录着过去价格波动的行情记录本，看看我的新点子是否有可取之处。多数情况下，这些点子不会百分百准确，但是在我的潜意识里已经将这些点子的可取之处记了下来。也许之后，另一个点子会在此基础上形成，到时候我再去检查那个新点子是不是可行。

很快，这些点子就会越来越明确，我开始形成自己的记录行情的办法，然后我可以利用这些成熟而具体的记录作为交易的指引。

通过验证，我对自己的根本方法和具体实践感到非常满意，在投机和投资证券及大宗商品的过程中，再也不会出现什么出人意料的东西。很多时候，人们应该出手投机；但是另外一些时候，人们应该控制住自己不要投机。

有一句非常实在的谚语："你能够赌赢一场赛马，但是你不可能每次赌马都赢。"实际操盘也是这样。有时候你能够在股票市场投机或者投资获利，但是你不可能每年每周每日都投机赚钱。只有最笨的人才会这样尝试。这几乎是不可能的。没有人能够做到这一点。

想要投资或者投机成功，你必须要明白一支特定的股票在下一波大行情中会怎样表现。投机其实就是预测未来的价格波动。想要正确预测，你必须有一个预测的基础。但是你要留神，想要对人做出预测是很难的——人很容易情绪化，而市场又是由人构成的。好的投机者总是有耐心等待，等待市场验证他们的判断。比如说，你应该在脑海中分析某一条信息公布之后，会对整个市场产生怎么样的影响。试着想一下这则信息对于整个市场的心理冲击。就算你确信这则信息会推动市场走熊或者走牛，请千万还是"等市场的走向来确认我的想法吧"。可能这则消息对于市场的影响没有你想的那么大。千万不要预测，或者在市场发出确认信号之前就下单——稍微慢一步，这将让你的交易更保险，不管你预测得对还是错。

我再说得形象一点：在市场已经朝一个方向运行了一段时间之后，不论熊牛，消息对于市场的影响已经不大，或者只能有暂时的影响……此时的市场可能处在超买或者超卖状态，这种情况下某则消息的影响几乎可以忽略。这个时候，过去类似情况下的价格记录就有着极大的价值，不论是对投机者还是对投资者，都是如此。

这个时候，你必须完全忽略任何个人意见，将全部精力集中在市场波动上。"市场从不出错。但是人的观念经常出错"。

对于投资者和投机者来说，人的观念没有任何用处——除非市场暂时跟人的观念吻合。

此外，时机也很重要——没有哪个人，也没有哪个机构，能够在今时今日拉动或者打压市场。一个人可能对于某一支特定股票形成了某个想法，相信这支股票马上会有一次大的波动。不论是向上还是向下，最终他的想法可能是对的，但是他可能还是会因为太早根据这个想法行动而亏了钱。因为相信自己的判断正确，所以他立即建仓，但是在下单之后他才发现，股票突然间朝另一个方向运行了。市场交投越来越清淡；他自己也感到筋疲力尽，最后割肉离场。过了几天，似乎机会又出现了，于是他再次入场，但是他刚刚入场，行情似乎像针对他一样，又掉头向下。他再一次怀疑自己的想法到底是对是错，结果又一次割肉。最后，价格终于涨上去了。但由于之前入场太急，加上已经连错了两次，这次他丧失了勇气；也有可能他现在满仓在其他股票上，已经没有多余的资金了。结果，等到他看好的行情真正到来时，哪怕他之前已经提前尝试了好多次，但是现在他居然已经没有办法参与。

我在这里想要强调的是，哪怕你已经对一支股票有了自己的看法，也不要太着急一下子冲进去。你应该等待，观察股票的波动，等待出现确定的信号再入场。一定要有一个指引你行动的根本原则。

举例来说，一支股票现在在 25 美元左右，之前相当长一段时间，它基本是在 22 美元到 28 美元的箱体里运行。假设你坚信这支股票一定会冲上50 美元，而现在只有 25 美元，你一定要有耐心，要等待这支股票开始活跃起来，等待它创出新高，比方说冲高到 28 到 29 美元。这个时候你就知道了，你的观点已经在市场中得到了验证。现在这支股票肯定在一波大行情中，不然不会突破关键价位的。那么它一旦突破了关键价位，很可能就会有一波很大的上涨——上涨将由此启动。这就是你的想法得到确认的时候。虽然你没有在 25 美元的地方买进，但是请不要因此烦躁。因为，很有可能你买在 25 美元，但是却因为没有耐心等待，而在行情启动之前就将头寸卖出了。而你一旦在较低的价格离场，你肯定就不愿意在突破关键价位的时候再次进场了。

经验告诉我，真正能够赚到钱的投机机会是："从一开始就能够在股票和大宗商品期货中赚到钱的头寸。"

之后，我会在这本书里向你介绍一些我自己实盘操作时的例子，你会发现我喜欢在市场情绪正浓的时刻下第一单，这就是一波行情力量最大的时候，行情肯定会按照原来的方向继续运行。行情当然不是因为我的操作而延续，而是因为这支股票内在的力量非常强大。行情只能够按照这个方向走，而且事实证明确实如此。当然，也有很多次，我跟其他许多投机者一样，没有耐心等到这个时刻的到来。很多时候我都被蝇头小利所诱惑。

你可能会问："你经验这样丰富，为什么还会被眼前的小利诱惑?"原因很简单，因为我是人，所以肯定有人类的弱点。跟所有投机者一样，我常常让冲动蒙蔽了头脑，而不是用良好的判断来思考。

投机跟玩牌非常相似，不论是桥牌、扑克还是其他什么棋牌游戏。只要是人，就肯定把把都想赢，这是人类的普遍弱点。我们肯定在玩桥牌的时候把把都想参与，但正是这种每个人都或多或少有一些的共同弱点，成为了投资者或者投机者最大的敌人。如果一个人不警惕这个弱点，就可能导致投资上的溃败。

人都会有"一厢情愿"的心理，同时经常感到"恐惧"。但如果你在投机时"一厢情愿"和"恐惧"的话，你将面临非常可怕的风险，因为你将同时陷入两种情绪当中，它们会因为互相矛盾而让你感到疑惑。

举例来说，你在 30 美元的价位买进了股票。第二天股票快速上涨到了 32 美元到 32.50 美元。你现在感到很害怕，担心如果不马上获利了结，第三天可能账面利润就消失了——所以你带着一点点盈利就跑了，但是这反而是你最应该"一厢情愿"的时候。为什么你要忧心这两个点的你可能明天拿不到的利润呢? 如果你能够在今天赚到两个点利润，你可能后天就能够再赚两三个点利润，可能下个礼拜能够赚 5 个点利润还要多。

只要股票的方向是对的，市场的感觉是对的，就不要那么快套利离场。你知道自己是对的，因为如果你要是错了，你根本就不会有账面盈利。让利润奔跑，涨多久你就拿多久。只要"市场的表现没有发出任何让你担忧的信号"，你就有可能赢得非常丰厚的利润，你就应该对自己的想法抱有信心，坚定持有。

另外，假设你在 30 美元的价位购买了股票，第二天股价下跌到 28 美元，你有了 2 美元的浮亏。你这个时候是不会担心明天要是再亏三个点或者亏得更多的。你会把这当做是暂时的回调，你会觉得明天肯定能够收复今天的损失。但这反而是你应该担忧的时候。这天出现两个点的损失，隔天可能再出现两个点的损失，接下来一两周可能再出现五个点或十个点的损失。这就是你真正应该恐惧的时候，因为你要是再不赶快离场，你之后可能要承受更大的损失。这个时候，你应该赶快保护自己，赶快在损失扩大之前清空头寸。

"盈利总能够自己照顾自己，不要你操心；但是亏损正好相反。"

投机者如果能够小额止损的话，他就有可能避免大损失。按照这种方式止损，投机者就能够留下一些种子资金，在未来的某个时候，等他有一个建设性的想法时，他还会有钱重新建立头寸，之前投资多少股票，现在还有钱投资同样数量的股票。

投机者应该是他自己的保险经纪人，想要不被投机市场淘汰，唯一的办法就是想办法守住他自己的资本，不让自己亏太多，在将来的某一天，当他对市场判断正确的时候，他还能够继续参与交易。

虽然我总觉得，无论是做多还是做空，投资者在下单之前一定要理由充分，我认为他一定要有能力判断什么时候下第一单，无论借助什么特别的方法，都没问题。

请允许我重复一下，市场上肯定有行情刚要启动的关键时刻，我也同样坚信，只要有投机者的直觉和耐心，一个人就能够以某种方法为依据，正确地判断什么时候下第一单。成功的投机绝对不是胡猜乱想。

想要持续成功，一个投机者或者投资者必须建立起指导自己行为的原则。我使用的某些原则，可能对其他人来说完全没有借鉴价值。

为什么这么说？如果某些原则对我来说是无价的，为什么对你一点用都没有？对于这个问题，答案是："没有百分百正确的原则。"如果我应用某种原则并视之为珍宝，我就会认为结果肯定错不了。但是如果股票的反应不如我的预期，我肯定会立马认识到现在时机还未成熟——之后我会马上清仓离场。

可能过了几天，我的记录告诉我现在又应该入场了，所以我又入场，这一次可能是百分百正确的。我相信任何人只要花了时间和精力去研究价格波动的话，都能够及时发现入场机会，这将在未来的交易和投资中帮他大忙。在本书中，我将会介绍一些我自己在投机操作中感到非常有价值的要点。

许多交易员喜欢记录均线图或者均线表。他们跟踪均线的走向，或上或下，当然有时候均线确实能够指出某些趋势。但就我个人看来，我对均线图不感兴趣。我觉得它们太让人困惑了。不管怎么样，其他人对记录均线图有热情，我则是对于行情记录热情高涨。他们可能是对的，而我可能是错的。

我更加偏好记录价格，因为这样的记录非常清楚地告诉我现在市场上正在发生什么情况。但是我还要通盘考虑时间因素，这个时候我的价格记录才能真正帮助我预测接下来重要的价格波动。我相信只要记录相应的价格，同时考虑时间因素，"一个人就能够相当准确地预测接下来主要的价格波动"。我会在本书后面介绍为什么这样说。当然，想要做到这一点需要很大的耐心。

你应该要很熟悉某一支股票，或者一个板块；如果你能够将时间因素跟你的价格记录正确地结合，用不了多久你就能够确定什么时候会来一波大行情。如果你对自己的价格记录理解正确，你就能够找出这个板块中的领头羊。我强调，你必须要亲自记录价格。你必须亲自把那些股价一个一个写在本子上。不要让别人为你代劳。只要这样做，你就会惊讶于你自己会想到这么多新点子；这些新点子没有人会告诉你，因为这都是你自己的新发现，你自己的秘密，当然你也不要对外人泄露这些秘密。

我在这本书里面还对投资者和投机者提示了一些"千万不能做"的事情。其中最主要的一条不能做的事情就是——千万不要把投机当成是投资，千万不要"炒股炒成股东"。很多情况下，投资者亏很多钱，原因只是因为他们已经花费真金白银买了那些股票，所以就傻乎乎地一直拿着。

你是不是经常听到有投资者说："我从来不担心价格波动或者追加保证金。我从来不投机。当我买股票的时候，我是来做投资的，就算股票下跌，它最终还是会涨回来。"

但是不幸的是，这些投资者买的时候自以为的好股票，之后往往会出现重大的变化。所以这些"有投资价值的股票"最后往往变成纯粹的投机。有些股票直接退市了，原来的"投资"消失得无影无踪，这些投资者的资本也付诸东流。之所以这样，是因为这些投资者没有意识到这些所谓的"投资"可能在将来出现一系列新的问题，严重影响了其盈利能力。颇有讽刺意味的是，这些投资者就是因为这些当初的"盈利能力"，才将其买回来作为长期投资的。

在投资者认识到情况可能改变之前，其实他的投资本身已经大幅缩水了。所以投资者必须向成功的投机者学习，像投机者保卫自己的投机头寸一样保卫自己的资本账户。只有这样，那些喜欢自称"投资者"的人才不会莫名其妙地变成未来的投机者——也不会让自己的信托基金账户的价值缩水那么多。

可能你还能回忆起，几年前，人们认为把钱投资在纽约-纽黑文-哈特福德铁路的股票上比存在银行更加安全。在1902年4月28日，纽约-纽黑文-哈特福德的股票价格为255美元每股。在1906年12月，芝加哥-密尔沃基-圣保罗的股票价格为199⅛美元每股。同年一月，西北芝加哥的股票价格为240美元每股。同年2月9日，北方铁路的股票价格为348美元每股。而且每支股票都支付很丰厚的红利。

但是再看一下这些"投资"今天的表现：1940年1月2日，这些股票的股价分别为：纽约-纽黑文-哈特福德铁路，0.50美元每股；西北芝加哥铁路，5/16美元每股，相当于0.31美元每股。在1940年1月2日，没有芝加哥-密尔沃基-圣保罗股票的报价，但其在1940年1月5日的报价是0.25美元每股。

我很容易就能为你列举几百种股票，它们一度被认为是金边证券，是很好的投资，但是现在已经一文不名。所以，就算有很好的投资价值的股票，其价格也可能暴跌，投资其中的那些所谓的稳健的投资者的财富也随之灰飞烟灭。这就是周而复始的财富分配过程。

投机者在股票市场中也亏了很多钱。但是我相信，跟那些买完就放着不动的所谓投资者在股市中亏的钱相比，投机者亏的那些钱只是小意思。这么说一点都不夸张。

在我看来，所谓投资者只是大赌家。他们下好注，坚决持有，如果赌错了，那就全赔了。投机者可能也会下注。但是如果他一直保持交易记录，且足够聪明的话，他会及时发现危险信号，告诫自己情况已经转坏。只要止损及时，他就能够将损失控制到最低，等待更好的机会出现，到那时再进入市场。

当股市开始下跌，没有人能够搞清楚到底会跌多少。当然也没有人能够搞清楚一波大行情的顶部到底在哪里。所以你一定要在脑子里记住这么几点。

第一，你绝对不能因为股票看起来价格已经很高了就将其卖出。你可能会看着股票从 10 美元涨到 50 美元，于是觉得现在股价已经太高了。其实，如果公司的盈利很好，治理结构很好，而且没有什么负面因素出现，那么这支股票很有可能从 50 美元涨到 150 美元。很多人都在股票上涨了一大截之后开始做空，认为现在这支股票"看上去太贵了"。结果往往是他们亏了很多钱。

第二，绝对不要在一支股票从前期高点下跌很多之后买入。很多情况下，下跌是有原因的。可能在下跌那么多之后，这支股票的价格跟其价值相比还是太过高估了——哪怕看上去现在的价格已经很低了。

第三，尽力忘记这支股票前期的高点吧，按照你自己的投资原则进行分析，将入场时机和资金管理等因素结合考虑。

可能很多人想不到，在我的交易方法里，当我从我的价格记录里看到一波上涨正在形成时，我会在"一支股票正常回调之后，再创新高"的时候买入。

同样的原理也适用于做空。为什么？因为我一直在跟踪趋势的发展。我的价格记录在提示我马上入场！

我绝对不会在回调的时候买入，或者在反弹的时候卖出。

另外一点："如果你第一笔交易错了，还以同样的理由进行第二笔交易，那么你就是笨蛋。"

"绝对不要逆势加仓。"请你在脑海中谨记这一点。

第二章
利弗莫尔有话说——什么时候股票的表现才是正常的

股票跟人一样，是有自己的性格和脾气的。有的股票像很焦虑的人，一触即发，很神经质。有的股票非常直接了当，不绕弯子，波动合乎逻辑。一个技艺高超的交易员应了解每支股票的习性，并尊重这种习性。在某种情况下，人们可以预判某支股票的波动。市场总归不会静止不动。有时候市场可能非常沉闷，但是市场绝对不会静止在一个价位。就算再沉闷，股票也会在一个价位上下小幅波动。

当一支股票形成某种确定的趋势之后，这支股票就会根据行情的发展，自动地按照某条趋势线发展。这种趋势会延续一段时间。

在行情的初期，你会发现成交量开始放大，接下来几天，股价不断缓慢上升。之后就会出现我所说的"正常的回调"。回调期间的成交量要比股票上涨的那几天小很多。

但是这个回调是非常正常的。对于正常的波动，你不用太过害怕。但是交易员要对那些反常的异动心生恐惧，因为这可能意味着股票的习性改变了。

一两天之后，股票又开始恢复上涨了，此时的成交量会再次放大。如果这是一次真的突破，那么用不了多少时间，这支股票就能够收复前期的回调；很快，股价又会形成有效突破，打开新的上升通道。此时股票上升的动能很强，并且会持续几天时间，中间只会有象征性的日内回调。

用不了多久，股票就会上升到一个新的关键价位，此时股票就要进行二次回调了。但是这次回调跟第一次回调的逻辑是一致的。对于处于趋势中的股票，回调是必然出现的运动方式。

像这样处于上涨初期的股票，新高和次新高两个关键价位之间相差不远。但是随着时间的推移，你会发现股票上涨的速度越来越快。

让我举一个形象一点的例子：一支股票的行情是从 50 美元发动的。在第一波上冲中，它可能慢慢涨到了 54 美元。接下来是一两天的回调，可能最低跌到 52 美元。三天之后，股票恢复了向上的动能。这一次股票可能会摸高到 59 美元或者 60 美元，之后才会进行二次回调。

一般的回调可能是 1 美元或者 1.5 美元，但就算此时回调 3 美元也没有什么好值得惊讶的。几天之后，当股票再次上冲，你会发现此时的成交量跟行情刚刚开始发动时相比已经小了很多。

此时，这支股票已经不容易买到了。

但就算是这样，股票接下来的上涨还是比之前要快得多。前期高点可能是 60 美元，现在这支股票可能会轻松触摸到 68 美元或者 70 美元，中间都没有像样的反抽。

而一旦出现反抽，那么反抽的力度就不会小。这个时候股票很有可能会回到 65 块，甚至可能还会再低一点。但是就算此时出现 5 美元左右的回调，没过几天股票又会涨回来，而新的这一波行情中，股票应该会再创新高。此时发挥作用的是"时间因素"。不要让股票失去新鲜的味道。虽然现在你已经有相当可观的账面盈利，但是你还是应该保持耐心。千万不要把贪心当做耐心，陷入盲目持有的思维方式，否则有可能会忽略市场上危险的信号。

股票继续上涨了，有可能一天就上涨六七美元，而第二天又继续上涨八到十美元，但是在第二天收盘前一个小时，忽然之间股票可能急挫七八美元。第三天刚开盘，可能股票会继续走低一两美元，而之后又开始上涨，尾盘收出一根长阳线。但是第四天，不知道什么原因，上涨的趋势停止了。

这就是一个必须高度重视的危险信号。

在整个上涨的过程中，这支股票的波动都是正常的，运行得非常自然。但是忽然之间它出现了异常的波动——我说的"异常"指的是在创出新高的当天就回调六美元以上——这种情况之前没有出现过。而一旦股票市场出现这种异常的波动，这就是一个你不能忽略的危险信号。

之前，你需要有耐心在股票正常上涨的时候坚持持有。而现在，你必须拿出勇气来，去充分感知和尊重这个危险信号，立刻离场。

但是我不是说这些危险信号总是正确的。我之前也说过了，对于股票波动来说，没有百分之百正确的定律。不过如果你持之以恒地关注这些危险信号，长此以往，你一定收获颇丰。

曾经有一位极有天分的投机者告诉我：

"当我看到市场中出现很明确的危险信号时，我绝对不会跟其争辩。我做的第一件事就是离场！几天之后，如果一切正常，我随时可以再次进场。这么一来我不用成天忧心忡忡，也不必担心亏钱。我就是这样想的：如果我沿着一段铁轨往前走，忽然看见一列火车正以每小时60英里的速度朝我开过来，如果我不立刻从铁轨上闪开，让火车先走，那么我绝对是一个白痴。不过，等列车开过去之后，如果我还想沿着铁轨走，我随时可以走回来。我觉得这就是投机的真谛，而这个例子非常形象地说明了这个原理，我会永远记住的。"

所以说，每一个明智的投机者都会随时留意市场里的危险信号。

有意思的是，市场中绝大多数的投机者都会遇到这样一个问题：他们身体里总有一股神秘力量，在他们应该离场的时候浇灭他们离场的勇气。

大多数投机者离场时都十分犹豫；而就在犹豫的当口，市场已经朝反方向又走了好几个点了。这个时候他们会对自己说："等下一波反弹的时候我一定离场！"但是等下一波反弹真的来了，他们又立刻忘记了刚才对自己说的话：现在他们认为，市场又已经回到了上升通道。但是，这不过是一次反弹而已，是暂时的，没过多久，股票又会义无反顾地掉头往下。此时大多数投机者已经被套住了——原因就是他们太犹豫了。如果他们按照危险信号的提示，那么他们就很明确应该怎样操作；这不仅能够替他们省下一大笔钱，更能够让他们减少很多焦虑。

所以请允许我再说一次："对于普通投资者或投机者来说，人性的弱点是你们最大的敌人。"为什么一支股票出现了向下的趋势，忽然间出现的反抽只是暂时的回调，而不是趋势再次改变，接下来不会继续上攻？当然了，可能这次反抽的幅度会很大。但是你希望行情现在能够继续向上走，行情就真的能够如你所愿地立刻向上走吗？很可能不是的，股票走势不会如你所愿。就算跟你想的一样，这帮优柔寡断的投机者可能也抓不住这个机会。

对于那些把投机当做是一门正经的生意的人来说，我想要清楚地重申一点：一厢情愿的思考方式是错的，是应该坚决避免的。没有人每天、每周的投机决策都是正确的；可能一年里面只有四五次特别好的机会，只有在这些时候你才应该出手。而在更多的情况下，你应该等着，让行情自由发展，等待下一次大行情的出现。如果你对行情的时机把握准确，那么你刚刚下单市场马上就会给你盈利。那么从这时开始，你所需要做的就是提高警惕，紧盯盘口，一旦出现提示你离场的危险信号就立刻照办，落袋为安。

请记住这一点：当你有意识地控制自己不要随便交易的时候，还是会有许多投机者不停地在市场里进进出出，他们这样做其实对自己没有好处，这将为你下一次出手获利打下基础。他们频繁交易是错的，你会从他们的错误中赚到钱。

投机是世界上最吸引人的游戏。许多投机者每天都待在交易大厅，或者成天打电话，每天收盘之后会在一切场合跟朋友谈论行情。行情和价格数字在他们的脑海中挥之不去。他们过分关注小行情里的波动，反而错过了波澜壮阔的大趋势。

有时候行情很大，但也存在回调和反弹，基本上多数投机者都会选错方向。许多投机者想从日内小幅波动中盈利，但是他们总会因此错过市场里下一个即将到来的、更重要的机会。

人的这种弱点是可以克服的。方法就是不停地钻研学习股票波动的历史记录，看看波动是怎样产生的，同时一定要充分考虑"时间因素"。

很多年前我曾经听说过一个极为成功的投机者的故事。他住在加利福尼亚的深山里，收到的行情都是三天之前的。一年里他会联系他在旧金山的股票经纪人两三次，发出买入或者卖出的指令，这些指令会因他的仓位而定。我有一个朋友对此很好奇，有一天在这个经纪人的办公室的时候，我的朋友就问那个"神人"的交易情况。当他了解到这位"神人"对于市场超然抽离的态度以及庞大的交易规模时，他感到异常震惊。

后来我的朋友得到引见，有机会拜访这位"神人"。我朋友问："你离市场那么远，怎么跟踪市场的动态?"

这位"神人"回答说："我是把股票投机当做一门生意。如果我被小行情带着走，云里雾里，那么肯定会失败。我远离市场就是为了有机会思考。你看，对于发生的情况我都留有记录，虽然说这些事件可能都发生了一段时间了。不过这些记录还是很明显地告诉了我市场的趋势。"

"如果出现了大行情，那么它绝对不可能当天就结束。从头到尾整个行情的发展需要时间。住在山上，其实我就是在给行情时间，让它好好发展。一旦有一天，我从记录上看到机会已经成熟，我就会把相关价格记下来。相当长一段时间里，市场是按照某一个模式波动的，但现在对照自己记录下来的股票价格，我发现之前的那个模式已经被打破了。"

"这个时候我就知道，我现在要下山忙活了。"

这是好多年之前的事情了。但是这个隐居山间的"神人"在相当长的一段时间里，持续不断地从股票市场里赚走大把钞票。对我来说这是一个很大的启示。从此，我下大力气试图把"时间因素"跟其他所有我搜集的市场信息综合起来。通过持续不断的努力，我现在能够把我的记录和行情结合起来，帮助我预判接下来股票的走势。

第三章

利弗莫尔有话说——关注龙头股

过了一段时间，投机者在股票市场获得了一定的成功之后，他们经常会面对各种诱惑，容易掉以轻心或者过于雄心勃勃。这个时候想要守住盈利，就必须拥有一个清醒的头脑，不能忘记那些最根本的常识。如果你能够严格遵循那些正确的原则，守住你的盈利也不是不可能完成的任务。

我们知道股票价格会上下波动。这种波动是必然的，它们今后也会一直波动下去。

我的理论是："在股票的主要波动背后，肯定有一些无法抗拒的力量在起作用。"

这就是我们需要知道的一切了。如果太过好奇，想搞清楚影响波动的一切因素，其实反而没有好处。这样一来，你脑子里面充斥了无关痛痒的琐碎信息，让你无暇考虑最关键的因素。其实你只需做到一点：认识到趋势已经出现，顺势而为。这就像驾驭你的投机之船乘风远航一样。不要跟行情争论，更关键的是，不要跟行情对着干。

你同样需要记住，在市场中广撒网、什么都掺和一下是非常危险的。我这样说的意思是，千万不要"在同一个时候关注太多的股票。跟同时关注许多支股票相比，只关注少数几支股票的效果要好得多"。许多年前我曾经犯过这个错误，交了很昂贵的学费。

那个时候，我犯的另一个错误是对市场的判断过于简单化，仅仅因为一个板块中的某支个股表现出与整个大盘迥异的趋势，就判断大盘已经转向。其实在下单之前，我应该更有耐心地等待时机，等待另一个板块中的另一支股票发出信号，告诉我它的上涨或者下跌也已经告一段落。很快，其他股票也会发出相同信号。我其实应该沉住气，等待这些市场信号才对。

但是当时我没有这么做。我非常冲动，马上想着按照信号对整个市场进行操作，哪怕代价非常昂贵。可以说，当时占上风的不是常识和良好的判断力，而是下单的冲动。当然，在对于第一、第二个板块操作的时候我还是赚了一些钱的。但是后来，因为我时机未到就对其他板块进行操作，结果盈利回吐了大半。

20世纪20年代末，当时是一个狂野的大牛市，我清楚地看到之前气势如虹的铜金属冶炼板块的上升趋势就要告一段落了。没过多久，汽车板块也到达了它的最高点。因为这两个板块已经开始走下坡路了，我立马认为不管是什么股票现在都可以做空了。这是一个错误的结论。按照这个错误逻辑操作，我亏了很多钱，一想到那个天文数字我就恨我自己。

当时，我在铜金属冶炼板块和汽车板块累积了大量账面盈利。在接下来的六个月里，我不停地在电力板块上操作做空，想要摸顶，结果将全部盈利填进去都不够。最后，所有的板块的最高点姗姗来迟。这个时候，安纳康达公司（属于铜金属冶炼板块）已经下跌了50美元，而汽车类股的下跌幅度也差不多。

我在这里想要告诉你的是这样一个事实：当你明确地观察到某个板块的趋势时，你就应该立刻下单。但是这个板块出现的趋势不代表大盘的走势，所以不意味着对其他板块也应该采取同样的操作。你必须等待其他板块也发出同样的信号，再相机而动。你必须要有耐心，肯等待。如果判断正确，你肯定能够在其他板块中等到你在第一个板块中看到的信号。但是千万不能急，不要看到一个信号就想当然以为整个市场都转向了。

你最应该研究的是当天最热门的那支股票的波动。如果你不能够在热门股票上赚到钱，那么就很难在整个市场里赚到钱。

就像女人的衣帽珠宝的流行趋势一样，市场热点也是不断轮动的，过去的宠儿可能很快失宠，而新的热点则不断涌现。我还记得好几年前的热门股票是铁路、美国糖业和烟草。之后随着钢铁板块的兴起，美国糖业和烟草逐渐退出了人们的视线。再之后汽车板块兴起了，并一直延续到了现在。

现在是1940年。现在市场上最热门的是四个板块：钢铁、汽车、航空和邮购。这些板块会随着市场的发展而发展。在这个过程中，新的热点会继续涌现；而现在一些老的热点则已经淡出人们视线了。

从股票市场出现伊始就是这种情况。只要股票市场存在一天，这种趋势就不会改变。

当然同一时间追踪多种股票是非常不安全的。你肯定会陷入混乱，被搞得晕头转向。你应该试着只关注相对有限的几个板块，而不是关注整个市场。按照前一种做法，你会发现你对整个市场大趋势把握得更好。

如果在四个主要板块中，你对每个板块中两支股票的走向分析正确，那么你就不必担心其他的股票的走向了。这里适用那句老话："跟着龙头股操作。"你需要保持一个可以随机应变的大脑。现在的龙头股跟两年之后的龙头股可能完全不同。

按照我的记录，我现在追踪的是四个不同的板块。这不是说我同时交易这四个板块的股票。但是我这么做的目的是非常清楚的。

在 15 岁的时候，我第一次对价格的波动产生了兴趣，我决定要试试看我有没有能力预测股票的波动。当然，那是很久很久之前的事情了。

那个时候，我在一个小笔记本上记下了一笔笔虚拟交易，这个本子我随身携带。又过了一段时间，我进行了第一笔真实交易。我永远不会忘记那第一笔交易。我跟一个朋友一起买了五股芝加哥-伯灵顿-昆西铁路股票，我算是拥有其中一半的权益。结果，等头寸卖出之后，我分到了 3.12 美元的利润。从那之后，我就成为了一个凡事靠自己的投机者了。

按照现在的市场情况看，我觉得之前那种旧式投机者可能不再容易成功了。他们的交易规模非常大。他们有一个特点：当年市场规模非常大，流动性非常好，所以当时的投机者可能拥有 5000 ~ 10000 股的头寸。他们不停地在市场里进进出出，但是就算这样，他们的交易对于股价也不会造成太大的影响。

从原理上讲，如果一个投机者最初的投资方向是正确的，股票按照他判断的方式波动，那么接下来这个投机者可以在出现机会时安全地加仓。在过去，如果投机者的判断是错误的，他也可以立刻离场，损失也不至于太大。但是现在，如果投机者一开始的判断是错的，就算立刻离场损失也会非常大，因为现在市场的规模变小了。

从另一个角度上讲，如果今天的投机者有耐心和良好的判断力，只有等到合适的机会才出手，那么我认为他们最终盈利的机会更大。其实这个观点我之前就已经提到过了：因为现在市场里面那些人为的波动减少了；而在过去，这种人为波动很多，所以哪怕你的判断再正确，都有可能被这些人为的波动打一个措手不及。

所以从现在的市场情况看，很明显，没有哪个聪明的投机者会按照前几年的规模在市场里交易。聪明的投机者会仔细研究少数几个板块，研究这些板块中的龙头股。他会在下单之前想清楚。我们将要迈入一个新时期的市场——对于那些理性、爱钻研、有能力的投资者和投机者来说，这个时代会提供给我们更安全的盈利机会。

第四章

利弗莫尔有话说——攥紧你手里的钱

当你手有余钱的时候，千万不要让别人替你管理。不管你手里攥着几百万美元，还是只有几千美元而已，这一核心法则永远适用。这些是你的钱。只有你不断地看着它们，这些钱才不会离你而去。要知道，亏钱的方式太多了，而其中最失败的一种亏钱方式就是错误地投机。

不合格的投机者会犯各种各样的大错误。我曾经警告过，千万不要逆势加仓。但是这确实是一个经常出现的错误。比方说，一个人以 50 美元的价格购买 100 股某支股票，两三天之后，股票跌到了 47 美元，他们肯定会控制不住自己的冲动，在这个价位上再买 100 股，平均下来整个持仓成本就降低到了 48.5 美元。

如果这位仁兄在 50 美元入场，看到下跌了三美元之后就急火火地再买入 100 股，那么一旦股票继续下跌，他又有什么理由不去在 44 美元再多买 100 股？当然，这个时候他肯定是加倍焦虑了，因为这个时候他第一个 100 股的头寸已经损失了 600 美元，第二个 100 股的头寸已经损失了 300 美元。

如果有人真的按照这个糟糕的原则投机，那么他肯定会在 44 美元逆势加仓 200 股，41 美元逆势加仓 400 股，38 美元 800 股，35 美元 1600 股，32 美元 3200 股，29 美元 6400 股，以此类推。但是世界上又有多少个投机者能够受得了这份刺激？话说回来，这种策略是不是真的有可取之处？像这样的极端行情似乎出现的概率并不高。不过我还是要强调，一个投机者要时刻警惕的就是这样的极端行情，只有这样才能避免灾难。

所以，有可能我之前重复了多次，再说就有说教之嫌，但是我还是请求读者们千万不要逆势加仓。我至今仍记得我从我的经纪人那里学来的一条教训。他说："如果经纪人打电话给你，要你追加保证金，你要做的事就是取消交易账户。千万不要追加保证金，切记。"追加保证金，就说明你对市场的判断错了。为什么错了还要把好端端的资金砸进去打水漂？把钱留着，留得青山在，不怕没柴烧。就算要冒风险，也应该把钱花在回报率更高的交易上，绝对好过扔在这种很明显会输钱的交易上。

一个成功的商人可能会让好几个客人赊账，但是肯定不乐意把所有的产品都卖给一个客人。他的客人越多，他的风险就越分散。同样道理，一个参与投机生意的人在进行某次投机的时候，也只应该拿出他全部资金的一部分。对于投机者来说，现金就像是商人货架上的商品一样。

另一个所有投机者都会犯的错误是求财心切，想在极短的时间之内致富。在两三年的时间里获得500%的投资回报率已经相当不错了，但是这些人等不及，他们要在两三个月赚到那么多的钱。有时候有一些人居然真的能够做到。

那么这些勇猛的交易员能够守住盈利吗？

他们不能。原因是什么？

原因是这些钱不是"健康的钱"，来得太快，在他们手上停留不了多久，就又会从指缝中溜走。出现这种情况，这些交易员就会失去平衡感。"如果我能够在两个月里赚到500%的收益，那么接下来两个月我要创造更大的投资奇迹！我要赚大钱！"

这种投机者是永远不会满足的。也许他们能够持续赚钱，不过终于有一天，他们赚钱机器的齿轮卡住了，出现了问题——而这种问题肯定是严重的、不可预见和毁灭性的。过了一段时间，经纪公司打来电话，要求追加保证金，这些投机者拿不出钱，就会像扑火的飞蛾一样永远地退出了市场。也许他可能会拜托经纪人给自己多一点时间，也许他的运气没有那么差，能够剩下一些种子资金下次从头来过。

如果商人新开一家店，他不会指望第一年就获得超过25%的投资回报。但是对于进入投机行当的人来说，25%的投资回报根本不能满足他们的胃口。他们追求的是100%的投资回报。但是他们的这种算计是错的，他们没有把投机当做是一门生意来看，更加没有按照做生意的根本原则行事。所以这里有另一个要点值得我们牢牢记住。每一个投机者都应该给自己定一个规矩：每次盈利之后，他都应该把盈利的一半从账户里取出来，存进保险箱里。投机者想从华尔街把钱赚走，唯一的办法就是在交易成功之后将盈利取出交易账户。

我记得有一天在棕榈滩。当时我刚刚离开纽约，账户上还挂着一笔较大的空头头寸。等我来到棕榈滩几天之后，市场开始重磅下跌。这是一个把账面上的"浮盈"变现成真金白银的好机会——我确实也变现了。

在那天收盘之后，我给电报话务员一张条子，让他告诉我纽约的经纪人，现在立刻往我的账户转100万美元。这个电报话务员听了差点没晕过去。在帮我发好电报之后，他问他能不能把刚才那张条子留下来。我问他为什么。

他说："我已经在棕榈滩当话务员20年了，这是我第一次遇到有客户让经纪人往自己的银行账户上汇钱。"

他继续说："我见过成千上万经纪人发来电报，要求客户追加保证金。但是我从来没有看到过你刚才发给经纪人的那种电报。我想拿回家给我的孩子看看。"

对于一般的投机者来说，唯一一个从自己的交易账户中取钱出来的机会，就是他现在准备完全空仓，或者突然间赚了用不完的钱。但是在市场对他不利的时候，他是不会把钱取出来的，因为这个时候他需要把钱留在账户里当做保证金。

所以对于多数投机者来说，他们从来都见不到自己的钱。对于他们来说，钱不是实实在在的东西，完全是虚拟的。但是多年以来我已经养成了习惯，一旦做了一笔成功的交易，就会从账户中取出部分现金。我曾经每次都从账户中提取20万或者30万美元。我觉得这是一个非常好的习惯，因为它对我有正面的心理价值。你不妨也把它当做你的交易规则。把钱取出来数一数。我就是这么干的。我能够把钱实实在在地握在手里，我能够感觉到我赚的钱，这是真实的东西。

在交易账户或者银行账户里的钱，跟时不时你握在手里的钱，两者完全不是一回事。只有在你手中，钱才有意义。钱握在手中，你才会觉得你拥有它，才会在很有可能失去账面盈利的时候，不愿意冒很大风险。所以请你还是时不时去数一下真正的钱吧，特别是在你的两笔交易之间。

对于一般投机者来说，在这些问题上他们特别散漫。当一个投机者鸿运当头，把原来的资金翻了一倍之后，他应该立刻将一半盈利拿出来，以备不时之需。多亏了这个交易原则，我才不止一次死里逃生。我唯一悔恨的是，在我整个投机生涯中，我没有完全遵循这个原则。如果当时我严格按照原则办事，我应该可以少经历很多坎坷。

我从来没有从华尔街之外赚到过一美元。我曾经在其他项目上投资失败，输掉了数百万美元，而这些钱都是我从华尔街挣来的。我现在能够回忆起来的这些失败包括了佛罗里达的房地产泡沫、油井生意、飞机制造，以及各种对于新发明的完善和营销。基本上每一次我都会输得一分不剩。

有一次我对于一个华尔街之外的投资项目产生了浓厚兴趣，于是向一个朋友大力推荐，希望他能够也参股 5 万美元。我在推介的时候他听得很认真。等我介绍完，他说："利弗莫尔，在投机之外，你不可能在别的领域成功。如果现在你想要 5 万美元投机的话，我马上就能够借给你。不过请你把钱就用来投机，千万不要去做别的生意。"第二天早上，我收到一封信，里面是那个朋友寄过来的一张支票，正好 5 万美元。虽然我不需要，但还是非常吃惊。

我觉得这里面的教训就是，投机本身也是一门生意，大家都应该这样看待投机。投机时千万不能兴奋过度，不要受别人的恭维和各种诱惑影响。你要记住，有时候正是经纪人导致了许多投机者的失败，但是其实这些经纪人本身是无心的。经纪人的工作就是获得佣金。交易员不交易就没有佣金。交易得越多，佣金就越高。投机者都是想要交易的人，而经纪人对此不仅乐见其成，更是对过度交易采取鼓励态度。那些搞不清楚状况的投机者还以为经纪人是他们的好朋友，言听计从，于是很快陷入了过度交易的陷阱。

如果投机者足够聪明，能够分辨什么时候可以多做交易，那么过度交易还不算什么问题。他可能知道在什么样的情况下他可以甚至应该过度交易。但是如果他养成了过度交易的习惯，基本上就完了，因为没有人知道什么时候应该停手。他们往往会失去控制，从而失去了把握平衡的感觉；

而这对于投机成功至关重要。他们从来不会去想他们要是错了该怎么办。但是那一天总归会来的。那些傻钱就像长了翅膀一样来得快去得也快，于是又一名投机者破产了。

所以，除非你就算失败也不用担心经济问题，否则千万不要进行任何交易。

第五章

利弗莫尔有话说——转折点

有时候我很有耐心等待，不出现我称之为"转折点"的关键价位就不交易。按照这个方法做，我基本上都是赚钱的。

为什么？因为这个时候入场正好可以踩准一波行情的起点，这个时候的市场情绪微妙而关键。这个时候我从来不用担心出现损失，因为我的私人交易系统一旦给出提示，我就会立刻按照系统的信号操作，立刻进行交易。这个时候，我需要做的就是坐在那里等，让市场按照自己的规律发展。因为我知道，只要我有耐心，那么行情的发展就会自然而然地给我信号，告诉我什么时候可以获利了结。

而且，不论我有没有胆量或者耐心去等待市场信号的出现，市场总归会按照自己的规律运行。根据我的经验，如果我没有在行情启动的初期入场，我基本上就不会从这波行情中获利多少。原因是我没有在行情初期积累多少盈利，但是正是盈利才能给我带来勇气和耐心，从而帮助我抓住整波行情——只有这样，我才能在出现任何回调或者反弹的时候沉得住气。这些回调会时不时出现，但是回调之后，行情还是会按照其原来的轨迹继续运动。

很多时候，市场会及时地给你准确的暗示，告诉你什么时候应该入场，但是前提是你要有足够的耐心去等待。同样，市场也会给你暗示，告诉你什么时候应该及时离场。"罗马不是一天建成的"，没有什么大行情会在一天或者一个礼拜就走完，行情的发展需要时间。很重要的一点是，大行情中最重要的一部分往往出现在整波行情的最后48个小时里，你要保证这个时候你自己在场内。

举个例子，一支股票在下降通道里已经有一段时间了，并且创下了40

美元的新低。在不到几天的时间里，股价反弹到 45 美元，接下来的一个礼拜，股票在几美元的狭小区间震荡，之后又出现反弹，上涨到 49 美元。这时整个市场沉闷下来，连着几天都没有大的波动。忽然间有一天，股票又开始活跃起来，一天之内下跌了三四美元，并继续处于跌势当中，马上就要跌破前期的关键价位 40 美元了。这就是最需要仔细观察市场的时刻，因为如果股票继续沿下降通道下行的话，那么它肯定会击穿 40 美元，并且肯定会继续下探至少 3 美元，不然不可能出现像样的反弹。但是如果股票没有击穿 40 美元，那么当它从最低点反弹了 3 美元的时候，这就是一个必须立刻买进的买点。如果 40 美元的关键价位已经被击穿，但是突破的幅度不超过 3 美元，那么当反弹到 43 美元的时候你也应该立刻买入。

你会发现，在绝大多数的情况下，如果我上面列的两个条件中有任意一项得到满足，那么这就是一段新的行情的起点。而且，如果你有正面的依据确认新的趋势的话，那么股票肯定会继续上行，突破前期的关键价位 49 美元——而且最少突破 3 美元。

我不喜欢用"熊市"、"牛市"来描述市场的趋势，因为我认为许多人一听到别人评论市场是"熊市"、"牛市"的时候，他们立刻认为这就是整个市场的趋势，而且这种趋势将会持续很长的一段时间。

像"熊市"、"牛市"这样清晰的趋势并不常见——可能四五年才出现一次——但是在这段时间中，可能会有一些明确的小行情。所以我会用"上升通道"、"下降通道"这样的词，因为这种语汇准确地表达了股票在某个特定时刻的盘面表现。更重要的是，如果你因为出现上升通道而进场，几个礼拜之后你又发现整个市场又进入了下降通道，那么你改变主意、接受盘面趋势已经改变的现实就容易一点，而要从牛市思维转换到熊市思维则相对较难。

我的方法——利弗莫尔的方法，强调记录价格变化；与此同时，你还要结合"入场时机，资金管理，情绪控制"等相关要素。这是我 40 多年对于交易原则研究实践的精华，我就是以此为基础，指导我怎么交易下一波大的市场行情的。

刚刚开始进行交易记录的时候，我发现这样做对我的帮助并不大。几周之后，我开始有一个新的交易思路，我很快付诸实践，发现这个新思路虽然对我之前的交易方式有所改善，但是还不能给我提供我想要的市场信息。好在我没有气馁，一旦有新的想法，我还是会记录下来。

慢慢地，在记录了许多新的交易思路之后，我开始产生了一些全新的想法，有一些想法甚至获得了成功；而每一个成功的想法都改善了我的交易体系。当我学会如何将价格波动和时间因素相结合之后，我的交易记录好像是会对我说话了！

之后，我开始结合另外一种方式，组合起来看之前的交易记录，这使我可以发现关键价位，同时发现怎样在市场中利用这些关键价位获得盈利。在此之后，我的交易方法改变了多次，但是保留下来的交易记录还是发挥了重要的作用，它们就像会说话似的——当然，你要采用正确的方法让它们说话才行。

当一个投机者开始有能力确定一支股票的关键价位，并且明白到了关键价位的时候股票会何去何从时，他应该充满信心，赶快入场，因为这个时候就是行情的启动点。

很多年之前，那时我刚刚开始从这种简单的突破交易模式中获利。很快，我发现如果一支股票徘徊在50、100、200、300这些关键价位，那么一旦突破这些关键价位，往往就会出现一波快速展开的大行情，在这个过程中不会出现回调。

我第一次从这种突破行情中获利是在安纳康达公司股票的交易中。当这支股票卖到每股100美元时，我马上下单吃进4000股。但是几分钟后，等股票击穿105美元时我的买单才完全成交。那天收盘的时候，股价又上涨了10美元，隔天又出现了大幅上涨。中间出现了回调，但是最多也就是七八美元，属于正常回调。之后股价继续上涨，很快就突破了150美元，而且整个过程中根本没有接近过100美元的关键价位。

从这时起，只要是突破转折点的大行情，我基本上都没有错过。当安纳康达突破200美元的时候，我重复了我之前的成功经验；在突破300美元的时候，我也如法炮制。但是这一次好像经验不灵了，股价最高只达到了$302\frac{3}{4}$美元。很明显，这是一个危险信号。所以我一下子清空了我持有的 8000 股，而且运气很好，5000 股以 300 美元成交，1500 股以 299 美元成交。这 6500 股花了两分半钟才完全成交。但是清空剩下的 1500 股则又花了 25 分钟，最后是以 100 股、200 股为单位，在 298 美元卖出的。我的头寸终于清空了。

如果股票跌破 300 美元，那么肯定会有一波快速下跌。对此我很有自信。第二天早上我非常兴奋。当时，安纳康达也在伦敦挂牌，伦敦一开盘就急跌，在纽约开盘同样大幅跳空低开，在之后仅仅几天的时间里就下探到了 225 美元。

你需要记住，如果用突破关键价位的方法预测市场波动，那么一旦股票没有按照你预计的方式运行，且再次穿过关键价位，这就是一个危险信号，你应该立即予以重视。

在上面的那个例子里，股票突破 300 美元的时候，跟它突破 100 美元、突破 200 美元的情况完全不同。在前面两次突破中，一旦股票击穿关键价位，就会迅速地继续上涨至少 10 到 15 美元。但是 300 美元这一次突破之后，股票买起来一点都不难，市场上的卖量充足——卖家如此多，以至于股价停滞，不再继续向上了。所以，这支股票在 300 美元这一关键价位之上的表现说明，现在继续持有是非常危险的。这同时也清楚地说明了，一支股票之前突破关键价位之后那种势如破竹的表现，不会再发生了。

还有一次，我记得我足足等待了三个礼拜才开始购买伯利恒钢铁。那是 1915 年 4 月 7 日，这支股票的价格达到了当时的最高点——87 美元。看到这支股票突破了最高点之后还继续迅速上拉，于是我在 4 月 8 日当天下了第一张买单，而且在 89 美元到 99 美元之间不断加仓，因为我相信伯利恒钢铁一定会突破 100 美元。就在当天，这支股票最高达到了 117 美元。从那天起的 5 天里，这支股票不停上涨，中间只有几次小规模回调，在 4 月 13 日达到最高的 155 美元，这是一次让人喘不过气的上涨过程。这也再次说明了，那些有耐心等待，充分利用突破关键价位走势的人，一定能够获得充分的回报。

但是我没有就此放过伯利恒钢铁。在这支股票突破 200 美元、300 美元甚至突破让人眩晕的 400 美元的时候我都如法炮制。而且我对这支股票的投机也没有到此为止，这个时候，我预计到这支股票肯定会在当时的熊市里下跌，所以每当股票跌破关键价位的时候我又会做空。我知道最关键的事情就是密切注意股票突破关键价位之后的情况，看它到底是怎么运行的。当我发现股票突破关键价位之后缺乏继续的动能时，我一定会转变思路，马上离场，绝对不会有什么心理包袱。有几次我甚至会反手再开空仓。

但是有时候我也会失去耐心，不等关键价位被突破，就为了一些小钱入场，这种时候我往往会亏钱。

不过，从那个时候开始，很多高价股开始拆分，所以我刚才提到的那些整数关口的机会不象以前那么多了。但是，现在还是有别的办法能够确定关键价位。

比方说，一支次新股，大概是在两三年前挂的牌，最高曾经达到过 20 美元，或者是什么别的价格，但是这个最高价已经是两三年前的事情了。如果现在出现了关于这家公司的某种利好，而股票开始向上运动，那么当该股创出新高的时候，这就是一个安全的买点。

一支股票的发行价可能是 50 美元、60 美元或者 70 美元，之后跌掉了 20 美元左右，接下来它在最高价最低价之间徘徊了一两年。现在，如果这支股票跌破了前期的最低价，那么它很有可能会再跌下来很大一块。为什么？因为这家公司的基本面肯定出了大问题。

但是通过记录股票价格，并且充分考虑"时间因素"，你就能够找到许多关键价位，从而在许多快速行情出现时迅速入场。

不过，想要找准这种关键价位进行交易，你需要耐心。你必须花大量时间研究价格记录，自己一个人一头钻进自己的价格记录本里，把可能出现的关键价位勾画出来。这些研究的结果一定会超越你的期待，你会发现研究转折点是投机者进行个人研究的一种有效技巧。

根据你自己的认识，每次交易获得了成功，你都会从中获得一种独特的愉悦和满足感。你会发现用这种方法盈利，自己的满足感更强，自我感觉绝对要比听从别人的小道消息要好。如果你根据自己的发现交易，保持足够的耐心，时刻留意市场中的危险信号，你就能够掌握正确的交易思维。

在本书的最后几章，我详细地解释了我是怎么结合利弗莫尔市场原则即我自己的方法，来判断一些更加复杂的市场关键价位的。

没有什么人能够从别人偶然提供的内幕消息或者推荐的股票中获利。很多人求别人荐股，但是却不知道怎么利用这些信息。

有一次我出席晚宴，一个女士不停地纠缠我，要我提供一些市场建议，这完全超过了我的忍耐度。后来，我实在受不了了，无奈之下，我叫她买一些 Cerro de Pasco 股票，因为这支股票那天刚刚突破了关键价位。从第二天早市开盘到接下来的整个礼拜，这支股票上涨了 15 美元，中间只有轻微的回调。忽然间股票的运行中出现了一个危险信号。我想起那天问我问题的女士，于是赶快让我太太给她打电话，让她赶快卖掉。

但是完全出乎我的意料，她居然根本没有买入这支股票。她说她想先看一下我给她的消息是对还是错！小道消息的不确定性由此可见一斑！

商品期货市场中经常出现这些有利可图的转折点。可期货是在纽约可可交易所交易的。很多年来，这种商品的价格波动很小，并没有太多的投机机会。但是，如果你把投机当做自己的事业，那么你肯定会对所有市场都加留意，因为你不知道哪天就出现一个大的机会。

在 1934 年，12 月的可可期权合约在 2 月份达到了最高的 6.23 美元，10 月份达到了最低的 4.28 美元。在 1935 年，12 月的可可期权合约在 2 月份达到了最高的 5.74 美元，最低价则是 6 月份的 4.54 美元。1936 年的最低价格是 3 月份的 5.13 元。但是从这年的 8 月份开始，不知道出于什么原因，可可市场似乎完全改变了习性，成为了另外一个市场，市场的大幅波动越来越多。8 月份时可可的价格就卖到了 6.88 美元，这已经大大超过了前两年的最高价格，也已经超过了之前的两个关键价位。

1936 年 9 月份时，可可的最高价格摸到了 7.51 美元；10 月份最高价摸到了 8.70 美元；11 月份摸到了 10.80 美元；12 月份摸到 11.40 元；1937 年 1 月份则达到了 12.86 元的极值，在 5 个月的时间里整整涨了 6 美元，中间只有几次小幅的正常回调。

当然，这样快速的上涨一定是有其自己的原因的，因为之前几年每年的波动都没有这样剧烈。主要原因是可可产量出现了极大短缺。那些密切关注可可市场转折点的人就能够抓到这个好机会。

你必须在记录本里记下关键价格，密切留意价格波动的模式，这样价格就会告诉你它的秘密。忽然之间，你就会意识到自己在记录本里记下的图形正在形成某种模式：

行情越来越清楚地朝着某一个趋势发展。

这就提示你应该回头重新检查你的记录，看看上一次重要的行情来临时，行情处于怎样的局面。

这告诉我们，只要认真分析，加上准确的判断，你就能够形成自己的观点。

价格模式会提醒你，每一次比较重要的行情都是某种类似价格波动的重复，只要你对过去的价格波动足够熟悉，你就能够准确地预测接下来的价格波动，从中获利。因此，我想强调一个重要事实，那就是：我不否认我的记录会出错，但是这些不完美的记录还是帮了我大忙。

我认为，想要预测未来的价格波动，一个关键的基础就是研究自己的记录，妥善保存。只要这样做，根据这些记录进行交易，你肯定能够实现盈利。

如果将来有人按照我的方法进行记录，赚的钱比我还多，我一点也不会吃惊。之所以这么说，是因为几年前我就得出了一个结论：只要有新人不断按照我的方法去记录行情，那么很快他们就会发现一些连我自己都忽略了的关键要领。

我还想澄清一点，我之所以公布自己的方法，并不是希望别人帮我找到这些我自己忽略掉的要领，而是因为依靠这种基本方法，我已经掌握了足够好的交易技巧，能够满足我的要求了。其他人也许能够从我的基本方法中发展出新的交易技巧。这样一来就更加体现出我的基本方法的价值。

如果后来人能够青出于蓝，你放心，我是不会嫉妒他们的成功的！

第六章

利弗莫尔有话说——损失百万美元的大错误

我在这些章节里想要向你介绍一些通用的交易原则。之后我会具体地介绍我是怎么将"入场时机、资金管理和情绪控制"原则结合起来的。在通盘考虑这些通用交易原则的时候，我可以说，许多投机者离场入场都是出于冲动，很多时候他们都是一次性买入了所有持仓。这是一个危险的错误。

我们不妨假设你总共想买 500 股股票。一开始先买了 100 股。之后市场继续向上，于是你又购买了另外 100 股来"探路"，看自己的判断是否正确，以此类推。但是之后每一次的加仓都会比前一次的加仓时价格要高。

同样的原则也适用于卖空。除非现在的股价比前一次卖空的价格低，否则千万不要加仓。采用这些原则，你能够更接近成功；这些方法比我知道的任何方法都要好。究其原因，是因为你每一次都是一进场就能够有盈利。一进场就有盈利证明了你的判断是正确的。

根据我的操盘经验，首先你应该对特定股票的具体情况具体分析。之后，你要明确什么时候入场最合适，这是非常重要的——最开始的买点，或者卖空时最开始的卖点。仔细研究你的股票行情记录，琢磨该股过去几周的波动——找到关键的价格转折点。当你关注的股票就要接近这个你事先判断出来的关键价位的时候，那么根据你的判断，趋势即将形成，这个时候你就应该建仓入场了。

在决定入场之后，你要下定决心，如果判断失误，你最多愿意亏损多少钱。

在实验这种方法时，你可能最开始一两次都是错的，都亏了钱。但是只要你不灰心，而且只要价格再次突破关键价位就坚决入场，那么行情真正出现的时候你肯定会在场内。你肯定不会失去机会。

但是请注意，时机是非常重要的，没有耐心将会让你付出昂贵的代价。在这里我想分享一个教训，有一次我因为没有耐心，没有仔细把握入场时机，从而与一个价值一百万美元的盈利机会失之交臂。每当我讲述这个故事的时候，我都满心羞愧，恨不得找个地缝钻进去。

多年前，我十分看好棉花。我坚信棉花将要出现一波大行情。但是当时可能市场还没有准备好，很多情况下你提前预测市场就会出现这种问题。但是在我坚定看多之后没多久，我就一头扑进了棉花市场中。

我第一笔买单是 20000 包棉花，以市价买进。这一笔单子把当时沉闷的市场一下子推高了 15 点。然后，在我最后 100 包棉花成交之后，市场开始在接下来 24 小时里慢慢跌回我刚刚开始建仓的那个价格，在这个价格附近大概停留了几天。最后，我烦透了，清空了多单，咽下了将近 30000 美元的损失，这里面还包括了手续费用。而且正如你所料，我最后 100 包棉花正好卖在了这波回调的最低点。

之后几天市场似乎复苏了，这又引发了我的兴趣。这个投资机会在我脑海中挥之不去，我觉得之前的想法没有错，棉花就是要来一波大行情的。所以我又买入了 20000 包棉花。但是前面的情况又一次发生了：在我下了买单之后，市场一下子被推高，但是之后又一下子回到了我的买点。我不愿意持仓观望，所以我又一次清空了仓位，最后一笔头寸又卖在最低点。

在前后 6 个礼拜里，同样昂贵的错误操作我总共重复了 6 次，基本上每次操作都损失了 25000 美元到 30000 美元。我感到万分自责。我总共扔下了 20 万美元，但是却连一点花钱的满足感都没有。

我的办公室经理是哈利·达奇。我向他发出指令，让他在我第二天回到办公室之前把棉花的行情从我的终端上移除。我不想再受到棉花市场的诱惑了。这种感觉非常压抑，让人完全没有办法清晰思考。但是做投机的人，不清晰思考怎么能行呢？

接下来发生了什么？

在我对棉花丧失一切兴趣，将棉花行情移除的两天后，棉花市场开始重整旗鼓，一鼓作气上涨了 500 点，中间基本没有停顿。在这次让人惊叹的大行情中，中间只有一次回调，而回调也只有 40 点。

于是我失去了我人生中最好的赚钱机会。我通过反思，认为这次失误主要是两个原因造成的。

第一，我缺乏足够的耐心等待，还没有等大众的心理时刻到来就开始了自己的操作。我其实已经知道，如果棉花卖到每磅 12 美分，那么就肯定能够冲到更高的价格。但是我没有足够的耐心和严格的自制力等到这个突破的到来。我可能一开始只是想在棉花达到关键价格之前先赚几美元罢了，所以我在市场机会成熟之前就匆匆入场。但结果我不仅亏掉了 20 万美元的真金白银，而且还失去了赚取 100 万美元的机会。根据我原来的交易计划，我应该在突破关键价位之后，分批次建仓 10 万包棉花，这是个想得很清楚的交易计划，在我的脑海里一清二楚。如果按照计划操作，我是不可能错过这个机会的，每包棉花最少也能够赚 200 个点。

第二，我让自己被棉花市场控制了。因为我的决策都是错的，我变得暴怒，变得自责，这跟正确的投机程序完全相悖。我的损失完全是没有耐心造成的，我没有耐心按照之前设想好的计划行事，去等待合适的市场机会出现。

从那之后，我明白了，犯错误的时候不要找借口。这个教训每个人都应该领会。这个时候需要做的是承认错误，想办法从错误中吸取教训，下次从中盈利。我们犯错的时候都能意识得到，市场也会告诉投机者他什么时候错了——因为他现在在亏钱。当投机者意识到自己错了，这个时候他应该马上清仓，接受损失，想办法保持乐观，研究行情记录，找到出错的原因，然后耐心地等待下一次大行情的出现。此时，投机者应该关注的是长期的得失。

随着时间的发展，在市场告诉你出错了之前，其实你已经感觉到自己出了错，而这种感觉会越来越明显。这是潜意识在给你通风报信。这种内心的信号是基于你对于过去市场表现的认识。有时候，这是你交易原则的雏形。下面让我深入解释一下为什么这么说。

在 20 世纪 20 年代末的大牛市中，有时候我手里有大量的不同种类的股票，有的时候我会持有相当长的时间。在这个过程中，有好几次，哪怕是在出现正常的回调的时候，我从来没有感到过有什么不舒服的感觉。

但是过了不久，有一天收盘之后，我突然间感到非常焦躁不安。那个夜里我怎么睡都睡不着。每次快要睡着的时候，我都会被什么东西拉回现实，之后我又醒过来，开始思考市场。第二天，我打开报纸之前几乎满心恐惧，似乎某种凶兆就要发生。但是我发现一切都平安无事，似乎我的感觉完全是空穴来风。市场时而跳空高开，波动非常完美，这波行情仍然如日中天。你甚至可以嘲笑我昨晚一夜无眠。但是我自己知道，现在不是自嘲的时候。

果然，隔天，整个故事就完全变调了。虽然并没有灾难性的消息，但是在这一天，经过一波很长时间的上涨之后，市场的转折点出现了。那天我真是烦透了。我必须面对现实，迅速将一个庞大的仓位清空。但是如果我前一天清仓的话，我能够在最高价之下两美元全部清仓。但是今天——所有的情况都不同了。

我相信很多操盘手都有过类似的经历，曾经听到过来自内心的某个声音，这是警告你留神的危险信号，哪怕整个市场看上去非常健康、充满希望。这算是许多奇妙巧合中的一个，是操盘手长时间待在市场中通过不懈学习获得的能力。

坦率地说，我对于这种内心深处传来的告诫总是半信半疑，我更喜欢采用客观的科学公式来判断。但是每当我出现这种严重的焦躁时，如果给予其足够的重视，我又总能够获得很大的收获。

这样一个交易中有趣的插曲可能反映了某种现实，因为那些对于市场反应非常敏感的人能够清楚地察觉这种危险的感觉，这些人平时就采用科学的方法来寻找和判断价格的波动。而对于只会简单判断熊牛市的普通投机者而言，他们的根据往往只是听到的市场谣言或者是在报刊杂志上看到的公开评论。

要知道，在各个金融市场的几百万的投机者中，只有少数人把他们的全部时间都放在了投机上面。他们中的绝大多数人只是把投机当做碰运气的副业，当然最后在上面可能会亏很多钱。很多参与投机的精明的商人、专业人士和退休的老人，只是把投机当做兼职，没有花费太多精神。如果不是因为某个经纪人或者客户偶然间提供一次内幕消息，他们估计这辈子都不会交易股票。

比如，这些人有朋友在某家大公司的董事会就职，他们从他那里获得了内幕消息，因此开始交易股票。让我在这个基础上提出这样的假设：

一天，你在午餐时，或者在一次晚宴上，遇到了这个大公司里的朋友。你们闲聊了一下最近生意怎么样。嗯，生意都不错，经济有所起色，前景应该越来越好。当然，现在在这家公司的股票看起来挺有投资价值的。他可能会非常认真地说："现在是绝佳的买点，我们即将公布的利润会非常好，事实上比过去几年的利润都要好。吉姆（也就是你），你肯定还记得当年我们公司光景好的时候，公司股票的表现那叫一个好。"

你对此非常感兴趣，于是没有浪费任何时间，立刻购买了那支股票。

果然，接下来的季报显示，公司的表现比上个季度的表现好。于是这支股票一飞冲天。你开始为账面的盈利浮想联翩。但是过了一段时间，这家公司的经营忽然间变得一团糟。你对此一无所知，你只能看到股价下跌了。于是你赶紧打电话给你的朋友。

他会说："唔，是啊，最近我们公司的股票是下跌了一点，但是这应该只是暂时的。销售额最近下跌了一些。我刚刚听说，一些做空的人正在对我们的股票发起攻击。所以下跌应该是卖空导致的。"

他可能还会告诉你其他一些陈词滥调，但是绝对不会告诉你真正的原因。他跟他的生意伙伴肯定拥有很多自己公司的股票，当他们的生意出现问题时，他们肯定会第一时间全部卖出——如果市场能够经受那么沉重的卖压的话。如果对你全盘托出，就相当于邀请你跟他们比赛谁卖得快，可能你还会告诉你的朋友，那么他们还要跟更多人竞争。所以不告诉你真相其实是一种自我保护。

所以，很明显，为什么你的朋友——那个有内幕消息的企业家，在出现买点的时候愿意提醒你买进。但是他不能也不会告诉你什么时候应该卖出，否则就相当于是出卖了他自己的生意伙伴。

我建议你随身携带一个小的记事本。听到有用的市场信息时就把它记下来，这包括：将来可能有用的信息，你可能希望再次阅读的观点，你对于价格波动的个人看法。在这个小本子的第一页，我建议你写下，哦不，最好能够用油墨印上这样一句话：

"对内幕消息要小心，任何形式的内幕消息！"

在投资和投机中，成功只属于那些为了成功不断努力的人，这一点怎么强调也不为过。没有人会轻易把钱送到你的手上。这有点像身无分文的流浪汉的故事。因为太饿了，他也不管那么多，鼓起勇气走进一家餐馆，点了一块"大而美，厚而多汁的牛排"，之后他跟那个年长的服务员说："跟你老板说，做得快一点。"过了一会儿，服务员走回来，抱怨说："我们老板说了，要是有这么一块牛排，他自己就先吃掉了。"是啊，如果有那么容易的钱可以挣，不会有人硬要往你的口袋里面装的。

第七章
利弗莫尔有话说——三百万美元的盈利

在前面一章，我回忆了自己如何因为没有耐心等待而错失机会，没能赚取本应属于自己的丰厚利润。现在我将要回忆另一次经历：当时我耐心地等待时机，等待绝佳的市场心理机会的出现，结果果然不错。

那是 1924 年的夏天，当时小麦价格已经达到了我认为的关键价位，所以我入场购买了 500 万蒲式耳的小麦。当时小麦市场规模非常大，所以我的单子下去之后对于价格根本没有什么明显的影响。可以这么说，500 万蒲式耳的小麦就相当于 5 万股的头寸对某一支股票的影响。

在我下单之后，接下来几天市场都非常沉闷，不过都没有跌破我认为的关键价位。接下来市场再次提振，每次突破都比前期高点高了几美分；然后又会从高点回调，再沉闷几天，之后又会开始上涨。

当小麦价格突破下一个关键价位的时候，我赶紧下单再买入 500 万蒲式耳。第二次建仓的均价在关键价位上方 1.5 美分左右，这一现象本身就说明，市场正处在一次强劲的向上动能当中。为什么？因为这次买入 500 万蒲式耳比第一次要难得多。

第二天，价格又往上涨了 3 美分，跟第一次买入之后出现回调完全不同。不过这正好证明了我对于市场的判断是正确的。从这个时候开始，市场的表现变得像是真正的大牛市了。我用"大牛市"这个词，是因为我认为这次刚刚开始的上涨会持续好几个月的时间。但是当时，我没有完全意识到前面等待我的究竟是怎样的行情。

所以，当我每蒲式耳有 25 美分的利润时，我就清仓套现了——但是接下来几天时间里，我只得眼睁睁看着市场又上涨了 20 美分。

这个时候我意识到自己犯了一个大错误。我为什么要担心失去一些我都没有真正拥有的东西呢？

当时我太急于将账面盈利套现，但此时真正应该做的是耐心等待，我应该鼓起勇气陪市场玩到底。我意识到如果这波行情持续向上，到达关键价位，就算发出危险信号，我也有充分的时间应对。

于是，我决定再次入场，入场价格比我第一次离场的价格高 25 美分。刚开始我只买了 500 万蒲式耳，只是我第一次卖出的 50% 而已。但是，从这里开始，我一直持有，直到市场发出危险信号。

1925 年 1 月 28 日那天，五月份的小麦合约达到了当时最高的 2.05 美元/蒲式耳。而等到 2 月 11 日，价格又回落到 1.77 美元/蒲式耳。

在小麦的这波惊人上涨中，另一种商品——黑麦，它的上涨比小麦更加惊人。但是黑麦的市场规模跟小麦相比小得可怜，所以就算买单相对较小，也还是会引起黑麦价格的快速上涨。

在上述对小麦进行的操作中，我经常在市场中持有庞大的头寸，同时，其他人跟我一样，也都有很大的头寸。有一个操盘手，据说他总共有几百万蒲式耳的小麦期货合约，此外他还有几百万蒲式耳的现货小麦。而为了对冲小麦的头寸，他还在黑麦上积累了很大的头寸。人们认为，如果小麦市场价格不稳，这个操盘手会在黑麦市场上下买单帮助稳定小麦价格。

如前所述，黑麦市场跟小麦市场相比，规模较小、交投清淡，任何大规模的买单都会导致价格快速上涨，而这种波动对于小麦价格会有显著影响。所以每次这个操盘手使用这个策略，人们就会蜂拥而至，去买小麦，从而把小麦价格推向新高。

直到整波大行情快到尽头的时候，这套方法都一直百试不爽。这个时候小麦在回调，而黑麦也跟着回调，从 1925 年 1 月 28 日最高的 1.82 美元/蒲式耳，下跌到 1.54 美元/蒲式耳，在这 28 美分的下跌过程中，小麦也出现了相应的下跌。

1925 年 3 月 2 日，五月小麦合约又回到了离前期高点只差 3 美分的地方，达到 2.02 美元/蒲式耳，但是黑麦并没有像小麦一样收复失地，仅仅补涨到 1.70 美元/蒲式耳，离前期高点还有 12 美分的距离。

当时我不经意地看着市场，猛地意识到一个事实：现在的价差肯定有问题。之前在大牛市里，黑麦每一次都比小麦要先涨起来。

但是现在，黑麦不是整个谷物交易池内的领跑者，它现在落在了后面。小麦已经差不多收复前期的全部回调，但是现在，每蒲式耳黑麦的价格离前期高点还差 12 美分。

这是一种我之前从来没有见过的市场动向。

我开始对此进行分析，想要弄清楚为什么黑麦不像小麦一样，再次回到前期高点。我很快就找到了原因。原来大众对于小麦非常感兴趣，但是对于黑麦兴趣全无。

如果这是一个一人市场，只有一个主要的投机者，那么为什么突然之间，他丧失了对于黑麦市场的兴趣？我认为他要么对于黑麦不再感兴趣，所以离场了，要么他现在深深卷入黑麦、小麦两个市场，已经没有额外的资金进行进一步投机了。

我觉得此时此地，不管这个主力现在到底是在场内还是在场外，都不影响大局了。因为不论如何，结果都是一样的。然后，我开始检验这个推论是否正确。

现在，黑麦的最新价是 1.69 美元/蒲式耳。我想要找到主力在黑麦上的真正成本，所以我马上"以市价"卖出了 20 万蒲式耳。当我下单的时候，小麦的最新价格是 2.02 美元/蒲式耳。在我下单之前，黑麦每蒲式耳的价格下跌了 3 美分，但是我的卖单成交两分钟后，黑麦价格又回到了 1.68 美元/蒲式耳。

我发现我下单之后没有什么低于市价的卖单。因此，我此刻还是不太确定行情会怎么发展，所以我再次下单卖出 20 万蒲式耳，但是结果还是一样的——下单之前先是下跌了 3 美分，但是成交之后价格回升了 1 美分；不过上次可是回升了 2 美分啊。

但是现在我对于市场的走向还是有所疑虑，所以第三次我又卖出了 20 万蒲式耳的黑麦，但是这次的结果还是相同——市场先是往下走，但是这一次没有回升了。市场开始表现出其向下的动能。

这就是我一直在等待的市场信号。如果有人在小麦市场有庞大的头寸，但是没有意愿去对黑麦市场护盘（当然我不管他的原因是什么），我就有信心他不会，也不能，对小麦市场护盘。

所以我马上下单，"以市价"卖出了我的 500 万蒲式耳五月小麦合约，成交价从 2.01 美元到 1.99 美元不等。那天收盘，小麦收在 1.97 美元，黑麦收在 1.65 美元。我最高兴的是，我最后一批卖单的成交价在 2.00 美元之下，因为 2.00 美元是一个关键价位；一旦这个重要的关键价位被打破，我更加坚定了我的想法。很自然的，对于这笔交易我心中没有任何疑虑。

几天之后，我又试着买进黑麦，因为几天之前的卖出只是试单，想要确定小麦市场的走向。这笔买单我总共赚了 25 万美元。

与此同时，我继续卖空小麦，最后我总共持有 1500 万蒲式耳小麦的空头头寸。到 1925 年 3 月 16 日，五月小麦合约价格收在 1.64 美元/蒲式耳，而第二天利物浦的小麦合约价格低开 3 美分，结果本地的小麦合约开盘也应该对应下跌，开在 1.61 美元/蒲式耳。

这个时候我做了一件按贯例不应该做的事，即在开盘前就以指定价格下了单。但是情绪影响了我的判断力，我还是下单以 1.61 美元/蒲式耳买进 500 万蒲式耳，用来回补我持有的空头，这比昨夜收盘价低 3 美分。而结果实际的开盘价格区间是 1.61 美元/蒲式耳到 1.54 美元/蒲式耳。我马上对自己说："明明不应该破例，但是你还是破例了，这就是下场。"

但是这个时候，我的直觉战胜了本能的判断。我不顾一切地要让自己的买单买在下单的 1.61 美元/蒲式耳。这是开盘价格区间的上沿。

这时，我看到价格达到了 1.54 美元/蒲式耳，所以我又下单买进了 500 万蒲式耳。随即我收到报告："已经以 1.53 美元/蒲式耳买进了 500 万蒲式耳五月小麦合约。"

之后我又补回了 500 万蒲式耳。不到一分钟，收到经纪人的报告："已经以 1.53 美元/蒲式耳买进 500 万蒲式耳的小麦。"我很自然地以为这是我第三笔回补买单的成交价。这个时候我让经纪人给我一份第一笔买单的成交情况。于是他把这样一份成交报告递给我：

第一笔 500 万蒲式耳买单以买入价成交。

第二笔 500 万蒲式耳买单以买入价成交。

第三笔买单成交明细如下：

350 万蒲式耳以 1.53 美元/蒲式耳成交

100 万蒲式耳以 $153\frac{1}{8}$ 美元/蒲式耳成交

50 万蒲式耳以 $153\frac{1}{4}$ 美元/蒲式耳成交。

这个交易日全天的最低价是 1.51 美元/蒲式耳，而隔天小麦价格已经恢复到了 1.64 美元/蒲式耳。这是我第一次进行这种类型的限价指令交易。我本来是想以 1.61 美元/蒲式耳买进 500 万蒲式耳的小麦——而开盘的价格区间是 1.61 美元到 1.54 美元，中间有 7 美分的差别，两个价格之间意味着 350 万美元的差别。

没过多久，在芝加哥，我见到了当时帮我执行买单的那个人，我问他当时是什么情况，为什么我第一笔限价指令成交得那么完美？

他告诉我，他当时正好知道有人要以"市场价格"卖出 3500 万蒲式耳小麦。他意识到，不管开盘价有多低，他总归能够低于开盘价买入足够多的小麦，所以他等到开盘之后，出现了价格区间，再以"市场价格"下的买单。

他说，如果不是我当时下的买单及时进场，那么开盘之后价格肯定会一泻千里。

而我这笔交易的结果是获得了超过 300 万美元的盈利。

这显示了在投机市场中允许做空机制存在的价值：为了回补头寸，空头就会成为市场中心甘情愿的买家，而这些空头的买单就成了市场恐慌之下的稳定器，这正是市场所需要的。

现在像这样的操作应该是无法再现了，因为期货交易所的管理层将个人在谷物市场中最大的持仓量限制在 200 万蒲式耳。虽然在股票市场中并没有对于个人的持股数量的限制，但是没有哪个操盘手能够建立那么庞大的空头头寸，除非他违反现行的针对卖空行为的规定。

因此，我认为旧式操盘手的辉煌年代已经一去不复返了。未来，这些旧式操盘手的地位将由半投资–半投机者取代，后者可能没有办法在市场中拥有那样庞大的头寸，但是长期看，他们能够赚更多的钱，同时能够守住盈利。我相信，未来成功的半投资–半投机者肯定只在市场情绪合适的时候出击，他们在每一波行情中赚到的钱肯定要比单纯投机的操盘手要多，不论行情是大是小。

对于那些有智慧的、见多识广的、有耐心的投机者来说，前途将是一片光明。

注意：本书从第一章到第七章都是利弗莫尔书中的原话，本书第十一章亦是。接下来的其他部分并非出自利弗莫尔的原书，而是由理查德·斯密特整理编写而成。

第八章
利弗莫尔操盘术——入场时机

入场时机——"把握时机就是一切"

从宏观到微观的交易——从宏观到微观交易的概念很简单，即在交易某一支特定股票之前你必须先检查如下几项条件是否满足。

第一，检查大势。首先，先检查最小阻力线，判断当下的整个大盘形势。记住，利弗莫尔从来不用"熊市"或者"牛市"这种名词，因为这有可能让他形成思维定式，这样一来就不容易随机应变。他喜欢用"最小阻力线"这样的词。所以，他会先检查现在的最小阻力线的方向到底向上、向下还是震荡。请务必在真正交易之前关注这支股票所在的具体市场，比方说，到底是道琼斯还是纳斯达克。总之，最关键的就是在交易之前要确认最小阻力线是否正朝着你准备交易的方向运行。

数据范围：250个交易日的市场数据（1999年9月2日-2000年8月17日）

图8-1　纳斯达克指数日线图

注：到了 11 月底，纳斯达克形成了一个关键价位，从此时到下一年 3 月份，最小阻力线显然是向上的。而 3 月份时，大势的动能转变了，又一个关键价位形成，最小阻力线开始转向，掉头向下。

第二，行业板块。接下来，检查相关板块。如果你准备交易美国电报电话公司的股票，那么就应该去看通信板块；如果你准备交易哈里伯顿公司的股票，那么就应该检查石油钻井板块；如果你准备交易哈拉娱乐公司的股票，那么就应该检查博彩板块。总之要确认相关板块的走势跟你交易的方向一致，这样如果行情沿着最小阻力线发展，就能够给你准备进行的交易带来利润。在下一个例子里，那位交易员将在互联网板块交易。

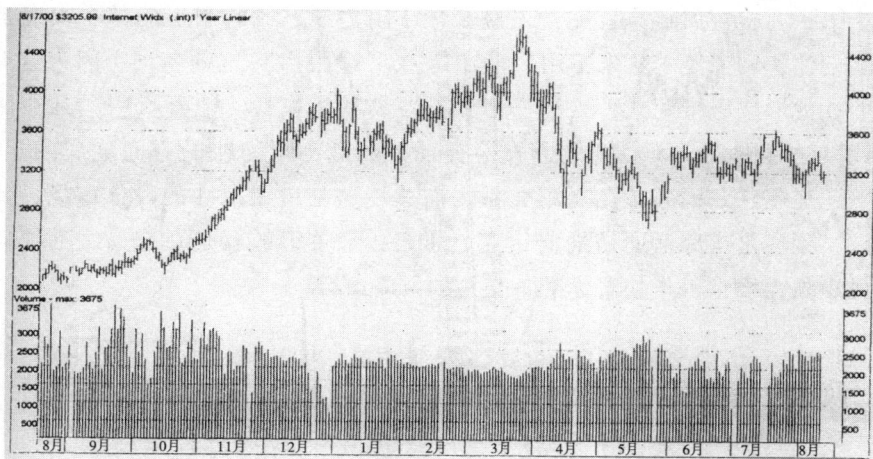

图 8-2　互联网板块一年中的走势

1999 年 10 月底，互联网板块开始爬升，基本上与纳斯达克同时上涨，而且当时这个板块是整个纳斯达克指数的领头羊。而到了 2000 年三四月份，这个板块又基本上与纳斯达克指数同时到达顶点，且出现了明确信号，此时最小阻力线开始掉头向下。所以说互联网板块的走势确认了整个纳斯达克指数的走势。

　　第三，配对交易，对照所选股票和同行业其他股票之间的优劣。如果你准备交易通用汽车的股票，那么就要比较一下福特或者克莱斯勒等同行业股票。如果你准备交易百思买公司的股票，那么就应该对照一下电路城等同行业股票。使用配对交易的方法，交易员可以在同一板块里买两支股票。比方说在接下来的例子里，那位交易员选择了雅虎和美国在线两支股票。

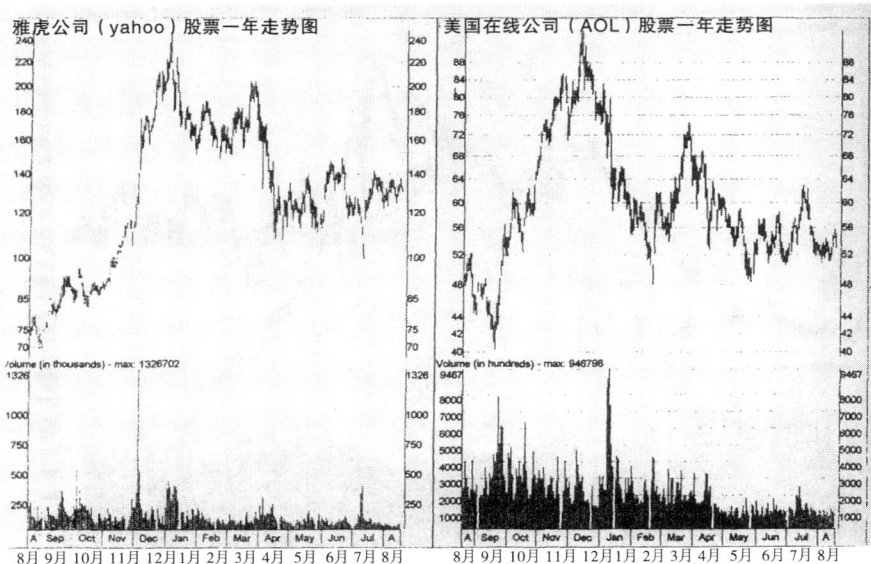

图8-3　雅虎和美国在线股票一年走势对比

　　注：雅虎公司和美国在线公司同时在12月份到达这波上涨的顶点，这传达了一个清晰的信号，即整个板块的最小阻力线开始转向下行。因为这个板块是整波行情的领头羊，所以此时的行情即预示了来年三四月份的市场趋势，那个时候市场将经历一波深度下跌。

　　"从宏观到微观的交易"的关键一步就是查看四个关键要素是否共振——整个大势、行业板块、配对的股票以及你准备交易的股票的趋势是否一致。在下一页你将看到的是一个互联网板块的例子。

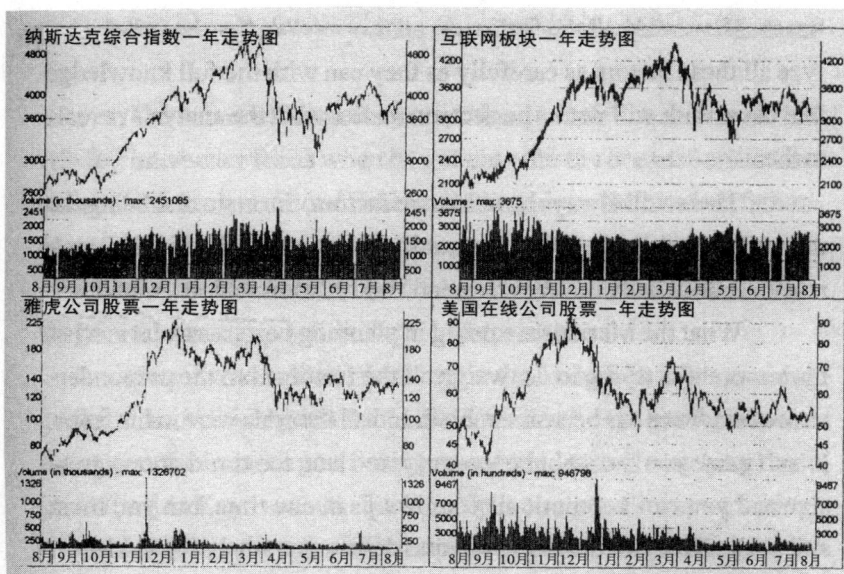

图8-4　四个关键要素是否共振

在这个例子里，配对的两支同行业股票的走势明确地说明它们已经摸到了这波上涨的顶点，而最小阻力线已经于12月份开始转为向下。等到了2000年的三四月份，整个互联网板块随着整个纳斯达克指数而盘整，最终下跌。

第四，尽职调查。这个时候，你应该对于准备交易的个股进行最后一次详尽的研究。这就是所谓"尽职调查"，这是一个交易员应尽的责任。最后这一遍调查研究就相当于飞机在跑道上滑行，而不是起飞：这是你"扣下扳机"买进股票之前最后一次回心转意的机会。这最后一遍的调查你必须亲力亲为，而且只能自己一个人完成——依靠自己做决定吧——毕竟现在投资的是你自己的钱。

我有一个朋友，之前是军人，他比较了利弗莫尔的上述交易方法和美国海军陆战队的登陆战法两者之间的异同。跟利弗莫尔一样，海军陆战队也会研究所有可以用来登陆的海滩，以及每一块海滩的所有影响因素；他们一定会尽最大努力仔细查看所有因素，但是他们心里也明白，就算战前

这是利弗莱尔在纽约长岛的老宅。这里面的餐厅可以容纳 46 个人进餐，在地下室还有一间理发室，里面有一位专职理发师利弗莱尔那艘 300 英尺长的游艇被安放在后院。这里经常举办各种大型的宴会。但最终，这处宅子在 1933 年 6 月 27 日被拍卖。

照片来源：《Daily News》

1

杰西·利弗莫尔和艾德·凯里站在利弗莫尔的游艇上，他们刚刚钓了一天的鱼。利弗莫尔是个钓鱼迷，因为水上的时光可以让他安静思考。他经常在大海上产生灵光一闪的交易想法。

照片来源：保罗·利弗莫尔

最初的"Anita Venetian"号游艇，一侧拴着一艘40英尺长的小艇。利弗莫尔喜欢游艇。他一共有过三艘"Anita Venetian"号游艇，最新的一艘有300英尺长。

照片来源：保罗·利弗莫尔

　　杰西和多萝西于 1926 年 3 月 3 日拍摄的合影，利弗莫尔在自家举办的舞会上看起来整洁漂亮。利弗莫尔喜欢与美女为伴，而他的妻子多萝西则热衷于举办大型聚会，有时来宾甚至超过百人。

照片来源：《Daily News》

棕榈滩的浪花酒店于 1925 年 3 月 18 日失火。多萝西让门童冲回她的房间，从大火中为她取回 20 个路易·威登的包——门童居然做到了。在照片中可以看到两个裸体的人，他们跑得太匆忙，根本来不及穿衣服。

照片来源：棕榈滩历史学会

布拉德利建在棕榈滩的"海岸俱乐部"——美国历史上经营时间最长的非法赌场。布拉德利——美国最大的赌徒与利弗莫尔——美国最大的股市投机者，很快成了好朋友。

照片来源：棕榈滩历史学会

保罗、多萝西和小杰西在利弗莫尔老宅门前。他的这两个儿子都很帅，小杰西14
岁时就与母亲的一个女友关系暧昧，他母亲对此并不知情。在同一年，小杰西开始
酗酒。

照片来源：科比斯·贝特曼存档记录

利弗莫尔站在棕榈滩浪花酒店的门廊里，他每年冬天都要在这里订下一个大房间。他会乘坐私人专列来到这里，在他抵达之前，他的游艇已经先行运到了。

照片来源：科比斯·贝特曼档案记录

利弗莫尔、多萝西和朋友们在他们五大湖区的度假别墅。利弗莫尔在这里打猎和打高尔夫球。

照片来源：保罗·利弗莫尔

多萝西和她的一个朋友乘坐浪花酒店花园里的柳条三轮车。在20世纪二三十年代的浪花酒店，这是很常用的交通工具。

照片来源：帕特丽卡

帕特丽卡和小杰西在去夏威夷度假的途中。不久之后，小杰西便又开始严重酗酒，并虐待甚至要杀死帕特丽卡。

照片来源：帕特丽卡

利弗莫尔喜欢与美女为伴，这也给他的一生带来了很多痛苦。这张照片中，他与第三任妻子海丽特正在他们位于帕克大街的寓所中举办一个80人的聚会。

照片来源：科比斯·贝特曼档案记录

杰西的小儿子——保罗·利弗莫尔的英俊剧照。在定居夏威夷之前，他曾出演多部电影和电视剧。

照片来源：保罗·利弗莫尔

美丽的安·利弗莫尔，她是保罗的妻子。她曾是个歌唱家，与许多大牌明星同台演出过，包括托尼·贝内特和弗兰克·辛纳特拉。她后来一直在家乡拉斯维加斯演出。

照片来源：安·利弗莫尔

杰西·利弗莫尔和他的第三任妻子海丽特以及保罗于 1935 年 12 月 8 日回到纽约，他们此前去探望了小杰西，他刚刚遭到了生母枪击。

枪击儿子后，多萝西在加利福尼亚州圣·巴巴拉市的一个法庭里等待传讯。她站在恩斯特·维纳法官面前，被控出于杀人目的以致命武器袭击他人。

照片来源：科比斯·贝特曼档案记录

1975年3月23日，小杰西被警察从家里带向警车，他此前在企图杀死他的妻子帕特丽卡时开枪打到了他的狗，并且用枪顶住一位纽约警局警官的前胸，扣动了扳机。

照片来源：《Daily News》

谢里夫·杰克·罗斯、地区检察官佩尔西·哈肯多夫和谢里夫·詹姆斯·罗斯在检查弹孔，他们认为，小杰西在他生母的家里遭生母枪击，确切位置应该是楼梯间。

照片来源：科比斯·贝特曼档案记录

1934年5月15日，利弗莫尔坐在破产仲裁人面前。当东山再起时，利弗莫尔总是会主动偿还破产债权人的债务，虽然法律并没有要求他必须这么做。

照片来源：《Daily News》

　　杰西·利弗莫尔，华尔街上的大空头，在 1934 年破产之后，与妻子登上了 S. S. Rex 号邮轮，开始了 20 个月的欧洲之旅。在登船之前，他说："我希望能从诸多麻烦中解脱出来。"

照片来源：《Daily News》

　　1940 年 11 月 27 日，杰西·利弗莫尔和妻子海丽特在斯托克俱乐部，这是他最喜欢的夜店。照片中的杰西眼神冷漠，面色苍白、虚弱，他在第二天饮弹自杀了。

照片来源：《Daily News》

1940 年 11 月 28 日，小杰西来到纽约的雪利·尼德兰酒店，确认他父亲的尸体。看过尸体几分钟之后，小杰西崩溃了。

照片来源：《Daily News》

在成年之后，无论成功还是失败，利弗莫尔都经常受到抑郁症的困扰。这张照片拍摄于 1940 年 11 月 26 日，两天后，这位"华尔街巨熊"便自杀了。

照片来源：科比斯·贝特曼档案记录

杰西·利弗莫尔是个英俊而又具有影响力的人，他很看重自己的隐私和私生活。他总是无声而又神秘地像猫一样靠近女人。

照片来源：保罗·利弗莫尔

准备工作做得再好，登陆作战也没有办法保证万无一失。

实战中总归会有被忽略的未知因素。其中最主要的就是在登陆作战或者说股票交易中，存在无法预期的人的因素——也就是说，每一次做计划都应该充分考虑这个"人的因素"。

可以说，海军陆战队在准备登陆时做的准备工作跟利弗莫尔交易方法的指导思想是一致的。两者都强调要充分考虑所有因素，保证所有有利信息都被你搜集到了，所有的风险因素都对你有利。这不是一件容易的事情：时机要不早不晚，计划不能太保守也不能太激进，更不能一次就投入所有的部队。不过，一旦有足够证据证明，最后的机会已经出现的时候，你必须果断抓住机会。换句话说，你必须充分依靠自己良好的判断，完全控制自己未来的财务情况。这就是利弗莫尔的交易原则：

> 等待，直到出现的所有信息都对你有利。
> 记住采用"从宏观到微观交易"的方式。
> 一定要耐心！
>
> ——杰西·利弗莫尔
>
> 明确板块的走向是成功交易的关键。
>
> ——杰西·利弗莫尔

板块的走向

利弗莫尔有钓鱼的爱好。每年冬天他都在棕榈滩避寒，但对他来说，这不仅仅是度假那么简单。在棕榈滩，他有机会远离纽约这个大都会，远离市场，尽管他时常还是会去哈顿证券公司设在棕榈滩的营业部，在那里进行交易。

利弗莫尔非常喜欢棕榈滩的大西洋海岸。在大海面前，他感到自己很渺小。当他"出海"的时候，他感到自己的注意力更加集中。他的那些最深刻的思考和想法往往是在出海钓鱼的时候完成的。他通常在距离棕榈滩几英里的地方垂钓，之后，沿着从加拿大新斯科舍省一直延伸到古巴的海底峡谷，驾船开往佛罗里达州最南端的基韦斯特，而这一海底峡谷正是洄游的肉食鱼类的海底高速公路。

他喜欢惬意地开着 "Anita Venetian" 号游艇，在后甲板上一个人思考。这艘游艇有 300 英尺那么长，他会根据向导的指示，驾船前往基韦斯特钓大西洋鲢鱼，中间顺便观赏佛罗里达群岛美丽的日落。对他来说，大海永远变幻莫测，让他心潮澎湃，使他有机会重新唤醒自己的灵魂，清空自己的头脑，让自己进行更加深刻的思考。他相信在海上的时光能够帮助他发现重要的市场规律，比方说重要的板块走向。

20 世纪 20 年代，利弗莫尔发现了另外一项重要的市场规律——"板块运动"，并将其运用到自己的交易策略中。通过观察，利弗莫尔发现股票不是自顾自运行的，它们总是按照板块规律运行。如果美国钢铁上涨了，那么过不了多久，伯利恒钢铁、共和钢铁和坩埚钢铁等同行业股票都会跟风上涨。对这个现象利弗莫尔观察到了很多次，从此这便成了利弗莫尔的一项交易利器。

利弗莫尔曾说：

"想要让自己的思路跟上市场状态、踩准节奏，最后获得成功，最聪明的办法就是深入研究同行业的股票，从而找到好的板块，同时辨认出坏的板块。如果发现有的板块很有希望上涨，那么赶紧买入；但是如果有的板块行情转坏，那么就赶快退出。"

"同样的事实已经重演很多次了，在华尔街上，很多人都看不到正在他们眼前发生的变化。现在，对于证券市场感兴趣的人数超过几百万，而早几年感兴趣的人数不过几千。我觉得在买股票的时候，最最重要的事情就是先通过研判行业板块筛选出股票池。"

"那些疲软的板块，碰都不要碰！"

"我不会去碰疲软板块里面的绩差股，出于同样原理，我会选择强劲板块里面的绩优股。当然，交易员必须随时准备改变自己之前的预测，有能力根据行情发展调整自己的头寸；行情的发展变化很快，每天都不同，特别是当各种风险因素开始对交易员的头寸不利的时候。"

为什么同行业股票会共振

对于利弗莫尔来说，板块波动的原理是很好理解的。他曾经解释道：

"如果美国钢铁在股市上表现强劲，那么支持这种表现的基本面因素对于同行业的其他股票来说肯定也是利多。同样原理也适用于在市场上做空——如果一个板块表现疲软，那么这个板块中所有的股票全部都会受到拖累。"

如果强势板块中的某一支股票没有随同其他同行业股票一起上扬，这至少说明这支股票比较虚，或者说"病了"，因此是一个做空的良机，最起码买进这支股票要当心，因为它没有跟其他同类股一起共振。

但如果这支表现另类的股票的销售额占了整个板块的一半或以上，则要另当别论，因为如果是这样的话，那么板块中的其他同类股迟早会追随这支龙头股的走势。

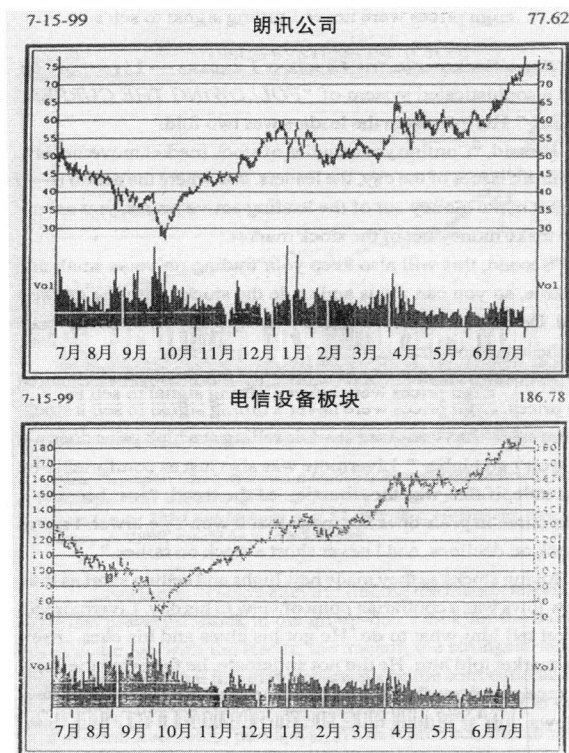

图8-5　朗讯科技（LU）与电信设备板块走势

注：这两张图表清楚地反映出了龙头股对于整个板块的"重要性"。有的时候，你甚至可以说领头羊其实就"等同于"整个板块。图中的走势反映的就是这样的情况。

跟随现阶段龙头，以此为根据，利弗莫尔发展出了一套"跟随现阶段龙头"的复杂交易体系。他之所以对于龙头股感兴趣，有以下两个原因。

第一，他说："研究股票市场走势的时候，要把重点放在当天的热点上，关注龙头股。这里面才有真正的波动——如果你不能够从市场中的龙头股上赚到钱的话，那么你就不太可能从股票市场中赚到钱了。"

第二，他说："这种有针对性的研究的范围始终是有限的，是交易员自己能够掌握的，所以你才能够将精力放在最有上涨潜力的股票上，同时只交易这些股票。千万不要让贪欲冲昏了头脑，别总想着去摸顶或者抄底。"

利弗莫尔同时认为不能够因为价格很高，就以此为依据判断入场时机。他说："就算一支股票已经卖得很高了，也不意味着价格不会继续往上走。"如果趋势是向下的，利弗莫尔也很乐意用同样的原理去做空。他说："就算一支股票已经下跌了很多了，也不意味着股价不会继续下跌。我从来不会去买入一支处在跌势中的股票，同样地，我也不会去做空一支正在反弹的股票。"

在利弗莫尔的那个年代，在股票创出新高的时候买入，以及在股票创出新低的时候做空还是一种少数派的观点。但是利弗莫尔不管这些，他只是根据市场发出的信号操作。他有自己的根据，也有自己的入场信号——所有依据都来源于市场。他不预判，而是根据盘口给出的信号操作。在很长的一段时间中，一些股票不断创出新高或者新低，但他仍一直持有。

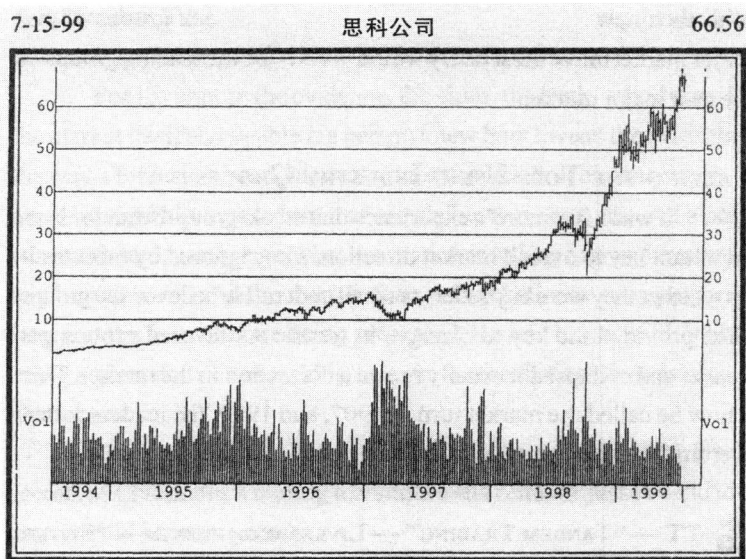

图 8-6　思科公司（CSCO）股价走势图

注：思科公司是互联网网络通信解决方案提供商，是相关板块的领头羊。这支股票在过去五年中一直都在上涨。在 1994 年，购买 1000 股大概要花费 2000 美元；而五年之后的 1999 年，这笔投资已价值 70000 美元。

利弗莫尔说："我坚信交易员就应该盯着市场中的领头羊，去选择一个板块中表现最抢眼的股票——不要被那些便宜的股票所诱惑，那些绩差股没有什么意思。要盯着领头羊、市场中的锚点、板块中最强势的股票。"

利弗莫尔观察到，在每一次大牛市中，一些板块都会出现轮动效应。一次大行情中的龙头板块一般不太可能再次成为下一波大行情的龙头。

通过观察同行业其他公司的股票来预测顶部

根据利弗莫尔的经验，板块的表现往往预示着整个大盘形势的走向，但是很多交易员都经常忽略了这一要点，不论是那些大炒家还是新交易员。

利弗莫尔相信，通过观察板块的走势就能够发现大盘转向的蛛丝马迹。如果前期的强势板块走弱，甚至崩盘，那么这通常意味着市场马上就要回调了。通过这个方法，他成功地预测到了1907年市场的那次转向，1929年又复制了之前的成功：一般来说，都是龙头板块最先转弱。

配对交易，或者同类股交易对于想要成功的投资者来说是非常重要的。利弗莫尔不仅自己身体力行，还将这个观点灌输给自己的两个儿子——小杰西和保罗。他说："孩子们，绝对不要只盯着一支股票看——要看就看两支股票——同时跟踪这两支股票的走向。为什么？因为同一个板块的股票一般都会共振。通过跟踪这两支股票，如果你看到这两支股票的走向一致，两者之间相互印证，你心里就有底了。如果出现市场信号，那么这个信号就会在这两支股票上出现两次，你错过这个机会的可能也就小了一半：你看，一旦这两支股票出现共振了，这就能够坚定你入场的信心。"

利弗莫尔正是运用"配对交易"的方法来管理自己的头寸的。入场之后，利弗莫尔就会提高自己的警惕，不断观察市场，做好自己的功课。而且他不仅只会仔细观察自己持有的股票。他养成了习惯，每天都会进行"配对交易或者同类股交易"的观察，试图从各种蛛丝马迹中了解市场上现在正在发生什么事，接下来又会发生什么事。

对于利弗莫尔来说，这些所谓的证据、线索和真相都能够从市场中找到，如果一个交易员知道怎样寻找线索的话，他就能够发现别人发现不了的证据。所以，一个交易员所要做的，就是盯盘，看看市场发出了怎样的信息，自己又应该如何评估。而真正的答案隐藏在市场信息中——难就难在怎样去解读这些唾手可得的市场信息。利弗莫尔告诉自己的儿子："投机就像是在一个永远都破不了案的大案子里当大侦探——就算你再厉害，也没有办法掌握所有的真相！"

"配对交易或者同类股交易"是利弗莫尔最重要的交易技巧之一，在过去的日子里发挥过重要的作用，到今天仍然是一种切实可行的交易方法。对于从宏观到微观的交易方法和建立头寸之后盯盘来说，这都是重要的基本功。

利弗尼尔经常说："成功的交易员只会根据最小阻力线交易。跟随趋势，趋势是你的朋友。"

接下来的例子能够直观地告诉我们怎样使用"配对交易或者同类股交易"。

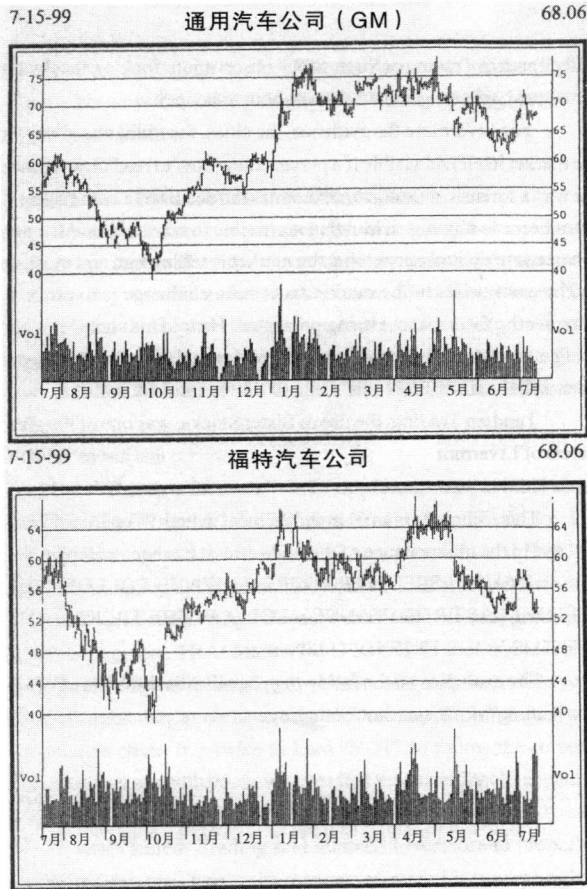

图8-7 通用汽车公司（GM）与福特汽车公司的股价走势图

注：上面的图表明确说明，现在的市场跟利弗莫尔当年的市场其实没有什么改变——汽车板块的同类股的走势还是行动一致的。通用汽车公司和福特汽车公司两支股票波动的步调基本一致。

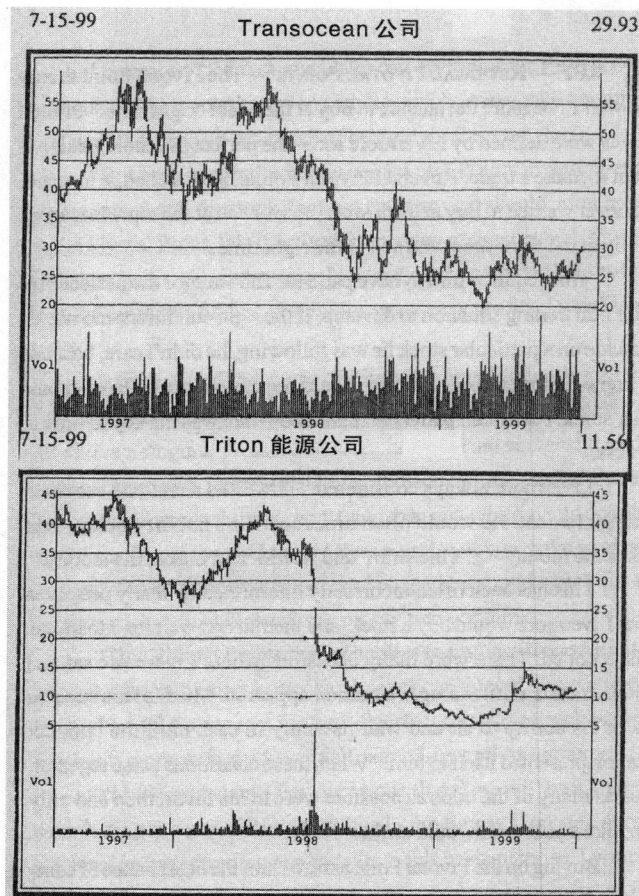

图 8-8　Transocean 公司和 Triton 能源公司股价走势图

注：上图表现的是石油板块的一部分。从 1998 年晚春开始，原油价格开始跳水，而 Transocean 和 Triton 两支原油钻井公司的股票也开始跟着跳水，这是因为它们的利润率正在受到威胁。所有石油板块的股票表现都大同小异，从股价上看都经历了深度跳水。

反转关键价位

通过关键价位理论，利弗莫尔总能够在合适的时机买入股票，也就是根据利弗莫尔的定义，在"市场情绪最浓的交易时机"。如果股价在关键价位反弹，那么市场趋势可能已发生了改变。利弗莫尔从来不追求在最低点买入、在最高点卖出。他追求的是最合适的买点和最合适的卖点。

这就要求他有耐心等待行情的发展，等待关键价位被突破，等待绝佳的交易机会出现。如果这种绝佳机会没有出现在他正在盯着的这支股票上，他也绝对不会灰心；因为他清楚，用不了多久，这种绝佳的交易机会肯定会出现在另一支股票上的。耐心、耐心、耐心——想要抓住绝佳的交易时机，耐心是成功的关健。

利弗莫尔一向认为，"时间"是交易中客观而核心的要素。他经常对别人说："一个人赚钱靠的不是想法，让他真正赚到钱的是坐在那里等待机会的出现。"

许多人都误解了利弗莫尔的这句话，以为他说的是先买好一支股票，然后就等着这支股票慢慢上涨。但是这绝不是利弗莫尔的本意。其实，利弗莫尔在等待的时候更多是手持现金，不到机会浮现绝不出手。可以说他大部分的成功应该归功于他有"持币等待"的本事，用他的话说，"真正赚到钱的是坐在那里等待机会的出现"。当所有的条件都满足他的要求，当所有的可变因素都对他有利，这个时候，利弗莫尔就会果断地一剑封喉，就像一条迅猛的眼镜蛇。

要想踩准节奏，最好的办法就是在突破关键价位的时候入场：

"在趋势即将发动的时候入场。"

当利弗莫尔对行情胸有成竹的时候，他绝对不会迟疑。利弗莫尔有"冒险投机小生"的花名，他可绝对不是浪得虚名。

利弗莫尔说："当一个投机者有能力判断某支股票的关键价位，有能力解读股票在这个关键价位的各种情况的时候，他就可以很放心地下单了，因为这个时候正是一波行情的起点。"

"但是千万记住，用突破关键价位的方式来预测行情时，如果股票突破关键价位，但是却没有按照应有的规律运行，那么这就是一个重要的危险信号，你必须立刻离场。每当我失去耐心，不等关键价位击破而仅仅为了一点蝇头小利入场的时候，最终的结果都是亏钱。"

"我发现对于关键价位的研究非常吸引人，其有趣程度简直超乎你的想象。在这个问题上，你将会发现一座可供研究的金矿。当你依靠自己的判断成功地进行了一笔又一笔交易之后，你会感到由衷的快乐和满足。如果有了自己的发现，用自己的方法交易，有耐心等待，随时留神市场中的危险信号，如果你能做到这些，我就可以说你已经建立起一种正确的交易思维了。"

"而且这种突破关键价位的理论不仅适用于股票，甚至还适用于期货交易。当然，我也不是说这种方法连白痴都能够掌握和赚钱，但是这种方法确实是我的交易策略中很核心的一部分。"

"我曾经在一些场合表示，对于突破关键价位的交易方法，未来还有很多可以改进之处。我相信人们会在这种基本方法之上发展出更加完备的交易策略。我也向大家保证过，我是不会嫉妒这些后来者的成功的。"

"如果你在心中预测，接下来市场或者某支股票将会如何表现，其实这并没有什么问题。但是在市场真正的走势确认你的想法之前，千万不要轻举妄动：你的钱赚来不容易，如果在赌市场走势中赌输掉了，真不值得。"

"同样，如果你在心里判断未来市场走向，这也完全没问题，但是在市场走向符合你的判断，发出了明确的确认信号之前，你还是乖乖地等待吧——只有在出现了确认信号之后，你才应该投入真金白银。关键价位是确认信号的核心，你必须要让行情发展到那一步再入场。"

"很多时候，市场的走向跟投机者的预测完全相反。这时，成功的投机者就会立刻将原来的想法抛诸脑后，转而跟着市场的趋势亦步亦趋。一个谨慎的投机者绝对不会跟盘口争辩，要记住：市场是从不出错的——但是人的想法却是成天出错。"

"对于投机者来说，最重要的就是入场时机。我们不关注一支股票'会不会'上涨。我们关注的是这支股票'什么时候'波动，波动的方向又是怎样的——是向上、向下还是震荡？"

1929 年的那次股票大崩盘让我从心底里接受了突破关键价位的理论。当时，那个"黑色星期二"是股票市场有史以来最大的关键价位，那一天整个市场下跌了 11.7%，而且接下来还不停下跌。

　　"我怎么强调关键价位的重要性都不为过。在我领会了其中的奥妙之后，这就成为了我最重要的交易武器。在整个 20 世纪 20 年代和 30 年代初，整个投机市场都没有认识到这种交易秘诀的奥妙。可以说关键价位是一个把握入场时机的利器。我利用这个方法来确定入场和离场时机。"

　　"再强调一遍，趋势反转的关键价位不是那么好定义的。在我看来，它应该是市场从根本上转向了——市场情绪已经酝酿得恰到好处，新一波趋势就要开始。这是整个市场的根本趋势的重大转折。"

　　"对于我这种交易风格来说，某一个时间点究竟是一波长期趋势的顶点还是低谷，对我的影响都不大。因为多头、空头我都做。"

　　"趋势反转的关键价位，对我来说就是最好的交易时机。"

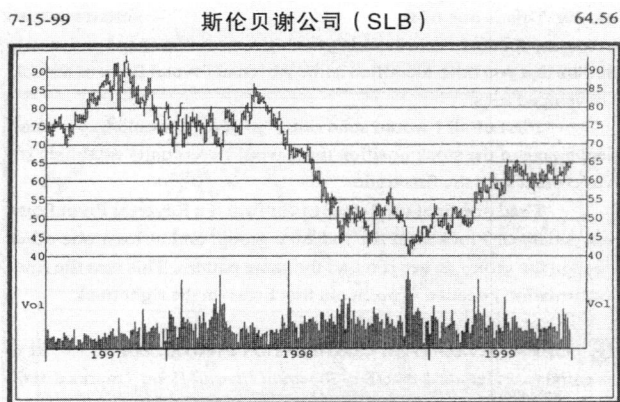

图 8-9　斯伦贝谢公司（SLB）股价走势图

　　注：斯伦贝谢公司是一家从事石油钻探业务的公司。上图中清晰显示了两个关键价位，第一个出现在 1997 年下半年，股价转而下跌；第二个出现在 1998 年年底，股价转而上涨。

　　"趋势反转的关键价位基本上总是伴随着成交量放大而出现，买量达到最高，同时卖出量达到低点——反过来其实也是一样的。想要了解关键价位，就必须了解成交量放大的含义——只有出现了放大的成交量，你才知道关键价位出现了。这个时刻其实是市场上多空双方的对决，甚至是一场战争，想要改变市场的趋势，要么由多转空，要么触底反弹。对于这支股票来说，这有可能是一波新的趋势的起点。这种能够确认趋势反转的成交量放大会比正常的日均成交量大得多，从 50% 到 500% 不等。"

"这种趋势反转的关键价位一般会出现在一波长期趋势的最后。这就是为什么我总是强调耐心是抓住大行情从而投机成功的重要因素。这是很重要的一个原因。想要确认你发现了某支股票真正的反转价位，你一定要耐心才行。我经常会试单。"

"首先我会试单。也就是说，我会先买进一小笔头寸，这跟我计划中的交易规模相比只是很小的一部分。但是我只有在试单确认交易思路正确之后才会跟进。"

"之后，我还有别的绝招用来确认趋势反转的关键价位的确已经被突破了。我会去看相关板块，或者至少是一支同行业的股票，看看其他的股票是不是也已经形成了相同的形态。我需要这个证据来证明我的投机方向是正确的。"

研判"延续关键价位"

"你必须认识到，一旦出现了'趋势反转的关键价位'，整个大势就改变了。还有一种关键价位，叫作'证明趋势延续的关键价位'，后者能确认行情仍然在延续。"

"我所说的'证明趋势延续的关键价位'，简称'延续关键价位'，是另一种重要的关键价位。一支股票正沿着某种特定趋势发展，突然间出现趋势中的正常的回调，这个时候往往可能会出现这种'延续关键价位'。此时就是一波正在延续的行情的买点，你也可以考虑在这里加仓，但是前提是股票在从'延续关键价位'反弹之后，继续沿着回调之前的方向发展。一支股票在上涨过程中可能会出现停顿，而我就认为延续关键价位是一种盘整，这就好比战场上，将军在发起全面进攻之前，有时候会命令部队暂时休整，为的是留点时间让补给线跟上，同时给手下一点时间休息休息。所以对于股票来说，这种回调也是正常的。但是一个审慎的投机者应该密切留意股票从这种盘整反弹之后的走势如何，千万不能主观地预判。"

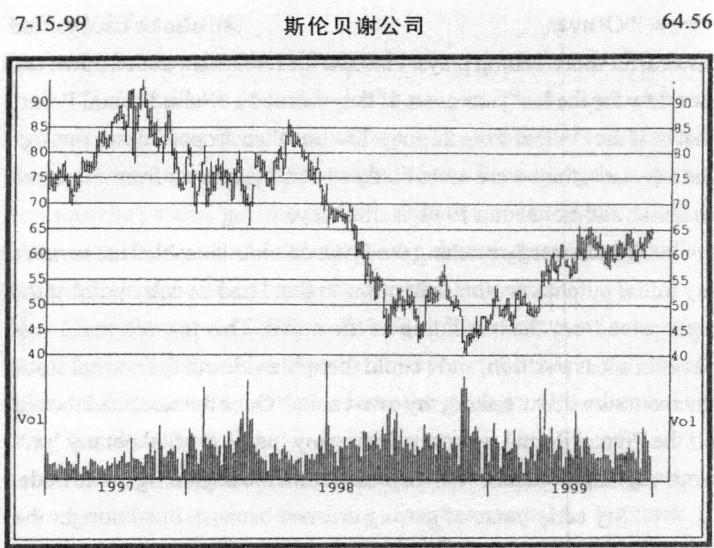

图 8-10　斯伦贝谢公司股价走势图

注：斯伦贝谢的股票在 1998 年中形成了一个延续关键价位，此时股价没能突破 86 美元，确认了下跌趋势仍将延续，结果在这个例子里，这支股票于 1998 年年底跌到了 40 美元。

"对我来说，我绝对不会因为一支股票的价格太高就不再买进，也不会因为价格过低就不敢做空。我会等待延续关键价位的出现，这个时候，我就有机会建立新的头寸，或者在之前的仓位上继续建仓。但是一支股票的走势如果与你的预判不同，千万不要反手做，赶快停手吧。要是让我选，我宁愿再等待一会儿，宁愿支付更高的价钱，但我一定要等待该股重整旗鼓，形成了新的延续关键价位，从而确认了趋势的延续，这相当于上了保险，股票沿着之前趋势运行的可能性更高。这就相当于让股票也喘口气，盘整一下，相当于让这家公司的净资产收益率和销售额都赶上股价的涨幅。"

"反过来看，你也能够用关键价位理论来找出一笔成功卖空交易的入场点。我想在市场中找出过去一年多的时间里，创下新低的股票。如果该股的走势形成了一个'假的关键价位'，也就是说，该股先是从这个新低反弹，但是很快又跌下来，甚至跌破了前期低点，那么这支股票继续下行的可能性很大，有可能会在这波下跌趋势中创出更多的新低。"

"只要我能够找到关键价位，我就能够在合适的价位进场，这样我就能够在行情刚刚启动时，以最有利的价格建立头寸。这样一来，无论怎样我都不会亏损，不必担心回调和反抽会把我晃出去，也没有死扛着的必要。就算股票从下个关键价位回调，我损失的也仅是账面盈利，我的本金毫发无伤，要知道，我从交易之初就一直盈利。"

"我之所以会搞出这套关键价位突破理论，是因为我早年曾经在大行情出现过程中的错误时机入场，结果亏得满头包。很多时候，我一进场'就是亏的'。如果还没有确认关键价位就进场，那么你肯定买早了。这是一种非常危险的交易习惯，因为有的股票可能根本不会形成关键价位，也不会形成明确的走势。但是你还是要当心——如果你在最初的关键价位之上5%或者10%建仓，那么你的入场时机就太晚了。这个时候你已经失去了最佳时机，行情可能已经走了大半截了。"

"想要交易成功，你唯一需要的市场信号就是突破'关键价位'。一个投机者必须要有耐心，因为一支股票按照自己的逻辑走完一段正常的行情是需要时间的，突破某个关键价位也需要时间。行情是不会根据一个不耐心的交易员的想法运行的，也不会因为他的意愿而上涨。行情都是自然而然发生的。"

"我之后交易逻辑的要点就是，只参与那些突破关键价位的行情。只要我有耐心，那么参与这种突破行情是一定能够赚到钱的。"

"我同样相信，行情中幅度最大的那一截发生在整波行情的最后两周。我称其为行情的最终构成部分——同样的原理也适用于商品期货交易。我要再次强调，投机者必须耐心，建立好头寸之后要耐心等待。而与此同时，交易员要对于随时可能出现的市场信号保持高度警惕，不管是入场信号还是离场信号，之后通过良好的判断，或买或卖，立即采取行动。"

突然大幅上涨——一日反转信号

对于伴随着成交量突然放大的价格上涨，我总是心有余悸，特别是成交量跟平常相比增加50%以上的那种上涨。这经常会跟随着"一日反转"。

"我总是想要在市场中找到那些异动。对我来说，异动就是跟这支股票的一般习性完全偏离的波动。我认为股价的突然大幅上涨，成交量放大，或者成交量突然减少，所有这些都属于异动，这些波动都很反常，与这支股票的一般习性完全背离。对我来说，这些都有可能是危险信号，交易员应该以此为依据，考虑离场。"

"对我来说，有的危险信号非常强烈，我一看到就会振作起来，打起十二分精神——这就是'一日反转信号'。这是一波长期行情发展到尾声的股票波动。我对其的定义是：'一日反转信号发生的时候，当日的最高点在昨日的最高点之上；但是收盘的时候，收盘价要低于昨日的收盘价，而且当日的成交量要大于前日的成交量'。"

图 8-11 嘉信理财（SCH）股价走势图

注：嘉信理财是一家证券公司。在这个例子里，这家公司的股票在三天里上涨了超过 15 美元，从而形成了一波大幅上涨。在这波上涨的最后一天接近收盘的时候，涨势突然翻转，股票价格开始下跌，几乎以全天最低价收盘。而隔天早晨这只股票更是跳空低开。这种一日反转经常伴随着成交量的放大。

这些情形对于利弗莫尔来说就是没有办法不注意到的"危险信号"。为什么这样说呢？因为在上涨的整个过程中，这支股票都是依据趋势波动，沿最小阻力线运行，出现的回调也非常正常。但是忽然之间，出现了一次反常的、异于常态的回调……在仅仅三天的时间里，这支股票就下跌了15美元，同时伴随着成交量的放大。这说明上涨的形态已经被破坏了。这是一个危险信号，交易员必须立刻离场！

根据利弗莫尔的理论，在股票上涨的整个过程中，你要有"耐心"持仓，但是在"一日反转信号"出现之后，你要有"勇气"确认这个危险信号，赶快做正确的事情。你必须现在就要考虑卖出了。利弗莫尔相信，"耐心"和"勇气"是最重要的品质。

突破新高——对于杰西·利弗莫尔来说，"新高"从来都是好消息。对于他来说，这意味着股票已经突破了上方的卖压，很有可能继续上涨。利弗莫尔不是一个成天摆弄图表的人。他是从数字波动的角度来计算一切的。

下面读者将要看到几种"突破新高的形态"，在利弗莫尔的计算表中，这些形态经常出现。之所以采用图形的方式，主要是考虑到说明问题的便捷。

从盘整阶段突破——在一波上涨之前，股票都需要时间盘整，为上涨打下基础。这个盘整时期就相当于让股票喘一口气，在大幅上涨之后，让这家公司的销售额和股本回报率赶上公司新的估值。很多情况下，这在功能上跟延续的关键价位非常像，虽然说形态上看不完全一致，而且这个盘整阶段一般要花费更长的时间。但是，一旦出现了盘整，你必须拿出等待关键价位被突破的那份耐心——"千万不要预判"，等股票自己给你信号，通过股价告诉你接下来股票到底会朝哪个方向运行。以下，你可以看到一些盘整阶段的例子。

图 8-12 百思买公司（BBY）和北电网络公司（NT）的股价创新高走势图

注：百思买是一家电子产品、家用电器和娱乐软件零售商。这家公司的股票在 1998 年 12 月时结束了之前很长一段时间的盘整，突破了 30 美元的关口，并在此之后不断创下新高。

北电网络是一家电信设备制造商。1998 年 8 月，这家公司的股票在 30 美元的位置形成了一个强劲的反转关键价位，之后强劲上涨，在 1999 年 4 月份创下了 65 美元的历史最高价。

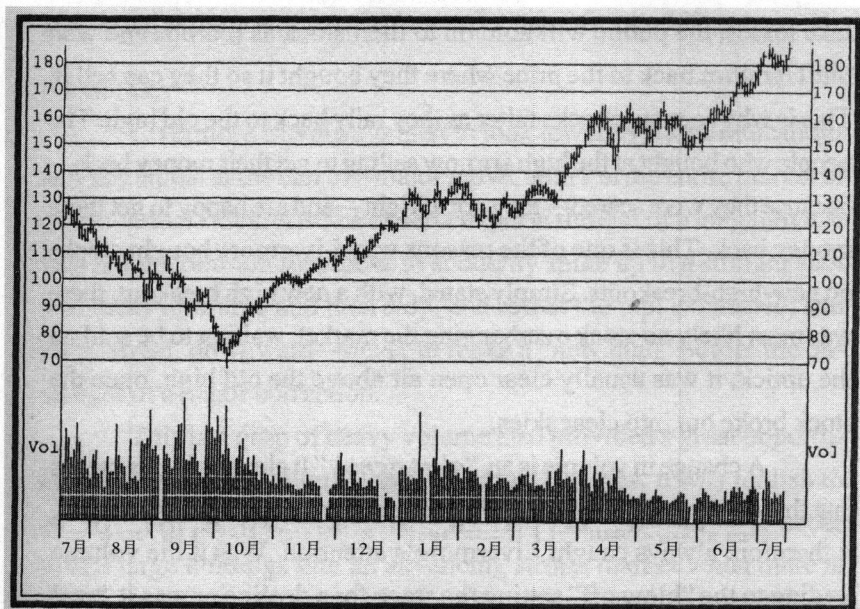

图 8-13　突破走势的形成

　　注：从1月初到3月末，形成了一个调整区间，之后出现了突破上涨的走势。

　　从第一笔交易开始，利弗莫尔就密切留意成交量的变化。如果成交量剧烈变化，那么利弗莫尔会很清楚地认识到行情出现了异常或者反常情况，也就是说，跟正常情况完全不一样。其中的奥妙在于，投机者到底是在吸筹还是在出货——成交量放大但是价格没有明显改变。利弗莫尔非常善于发现出货的蛛丝马迹。在这方面他有一整套自己的看法，因为他知道他那个时代的大作手是怎样操作的。某家公司的内幕人士之前在自己公司的股票上累积了庞大的头寸，此时他们会吩咐这些大作手帮他们尽快出货。而利弗莫尔正是个中高手。

　　股票作手是不会在上涨的时候出货的——他们只会在下跌的时候出货。原因很简单——没有人愿意遭受损失，所以不知情的公众看到股票下跌之后，肯定会紧紧捂着自己的头寸，等到股票反弹到自己的成本价的时候再卖出。这就是为什么那么多股票在反弹到前期高点的时候就会回调的原因。

那些被套在前期高点的人现在要把股票抛掉了——现在他们已经吓了个半死，惊吓过度——能够不亏就已经很高兴了。这就是利弗莫尔会在股票突破了新高的时候买入的原因之一。简单地说，当股票突破了新高，那么上方不会有太多的卖压，没有什么人会等到这个时候平仓，所以新高上方可谓一马平川，股票就相当于进入一片全新的上涨空间。

成交量的变化可谓是一个重要的"危险信号"。绝大多数情况下，这都意味着事情正在发生变化，有可能是公司基本面的变更，也可能是持股者的某种反常行为。正是出于这个原因，利弗莫尔才对此格外留意。此时成交量的变化会不会导致崩盘，并拉开全面下跌的序幕？抑或是人们对这支股票发生了"真正的兴趣"，准备将其推向新高？

利弗莫尔从来不会花时间去寻找所谓"真正的原因"。对他来说，成交量的变化就是危险信号，这是不言自明的真理。只要成交量出现变化就够了，对于利弗莫尔来说，这就已经是"因为所以"了。等到什么事情都已经水落石出的时候，赚钱的良机也已经溜掉了。千万不要花时间去调查行情的原因是什么。你需要做的就是从市场本身找到线索，股票的波动就是你所需要的实证，至于波动背后的动机，还是留待日后再议吧！

换个角度说，如果现在成交量放大，但是价格没有跟随着上涨创出新高，反而一动不动；与此同时，你也没有看到趋势有持续的迹象——这个时候你就应该小心了，这是一支股票已经见顶的强烈信号。

注意：在一波行情的最末，成交量的放大一般来说都是主力在出货，这个时候主力把筹码抛出，散户则忙不迭地接盘。公众往往会被欺骗，认为这种成交量的放大是交投活跃的标志，是市场在进行正常的回调。他们想不到，市场已经见顶或者见底了。

小结

利弗莫尔总是对成交量发出的信号格外关注，因为这常常是一波趋势走到头的关键信号，不论是大盘还是个股都是如此。同时他也注意到，在一波长期趋势的末期，有些股票突然间拉出一根长阳线，同时成交量放大，但是没多久涨势忽然停止，跟着在顶部震荡，买势衰竭，回撤，最后崩盘

——在一次大幅回调开始前，股票很难再创新高了。

而这种成交量巨大的最后一波反弹，对于投机者来说是大量出货的绝佳机会，特别是在投机者手里的仓位庞大、流动性很差的时候。投机者知道，这个时候想要出货出在反弹的顶点或者回调的低点，是非常愚蠢的想法。真正聪明的想法是，把货出在比较强劲的上涨行情中，这个时候的成交量较大。同样原理也适用于做空，你最好在一次快速的深度下跌中回补空头头寸。利弗莫尔从来不去想摸顶或者抄底。

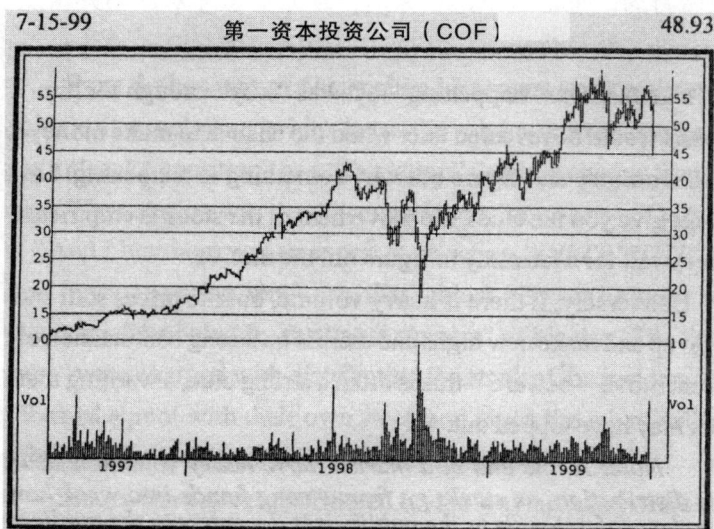

图8-14　第一资本投资公司（COF）股价走势图

注：第一资本投资公司的股票在1998年10月初成交量突然放大，之后从高点猛然下跌，形成了一个清晰的"成交量放大的从天堂到地狱"的走势，这说明下跌的趋势已经结束。请注意，成交量往往是判断趋势转向的重要确认信息。

最小阻力线

在利弗莫尔心中，一个投机者想要成功，最重要的是确认当下的市场中、某一个特定板块以及某一支特定股票，这三者各自的"最小阻力线"

的方向。不要逆风而行，而应该乘风破浪。当市场的航船进入无风带，没有方向、不停盘整，这个时候你就赶快从市场里出来吧，休息放松一下，比方说去钓个鱼什么的。等市场的风向确定下来再进场不迟，这个时候操作才是真正的明智选择。对于一个积极的交易员来说，想要控制自己的交易是一件很难的事情，但是利弗莫尔逐渐认识到，有时候离场是非常关键的，这个时候你就应该手持现金，坐着不动。

世界上没有比保持自己的情绪稳定更加重要的事情了。

——利弗莫尔

股票是有自己的习性的

利弗莫尔曾经说过："股票就像人一样，每支股票都有自己的个性，而每支股票的个性又都不尽相同，有的激进，有的保守；有的非常亢奋，有的过度紧张；有的波动幅度大，有的让人感到无聊；有的直接，有的很讲逻辑；有的很好预测，有的完全不能预测。我经常像研究人一样去研究股票，仔细分析一段时间之后，它们在特定情况下会怎样波动我就会了然于胸了。"

"我不是第一个注意到这个现象的人。我认识的一些人就是通过分析股票的习性，并按照这些习性下单的，他们在市场里挣了很多钱。这些人会不断根据这些习性在市场里买入和卖出。而且，你应该知道，有时候股票的习性是会改变的，虽然这不会经常发生。"

"我坚信，只要股票的波动还是正常的，比方说趋势在发展，就算中间可能有正常的回调、盘整、反抽，但是总归是按照一定的趋势在运行，那么交易员就没有什么好怕的，他没有什么值得忧虑的。如果出现股票突破新高的情况，交易员更是应该以此为信号赶快入场。"

"但是换一个角度说，交易员绝对不应该志得意满或者放松警惕，要不然就有可能忽视市场已经见顶的信号。这个时候，行情正在起变化，一个关键价位正在形成，新的趋势正在酝酿，很有可能会出现行情的反转。而这正是我的一个交易原则：'一定要对危险信号高度警惕'。"

知识和耐心

"在股票市场中获得成功，关键因素就是投机者的知识和耐心。没有耐心的人是不可能在市场里获得成功的。这种人总是想一夜暴富。他们的入场点总在上涨趋势的顶点附近。他们不愿等待，不会在股票下跌到了尽头、形成反转的关键价位并开始反弹的时候买进。他们可能也会尝试，但是基本上没有耐心等到股票反弹的时候才买入。"

"从长期看，除了知识，耐心是所有投机要素中最关键的。知识和耐心两者是密不可分的。所有想要以交易为生的人都应该明确这个原则。你需要研究好了之后再投资，这样你才能确保你的头寸很安全。"

"如果你手里的股票上涨得很慢，千万不要灰心丧气。只要愿意等待，好股票是一定会上涨的，而且涨得肯定不会少，并会以此来奖励你的耐心。"

"只有在股票肯定会上涨的时候你才应该买进。这个时候，你要保证尽可能多的市场因素都对你有利。这种良机并不经常出现。所以交易员一定要耐心才行，要等待，或早或迟，这种机会总会出现的。"

"我是为了赚钱才来交易的，其中最关键的因素就是入场时机。我对于交易技巧的追求总是精益求精：不断改进和发展我的关键价位技巧、突破的技巧，以及找出行业龙头股的技巧。这些技巧的总结都是建立在大量的经验和研究之上的。但是让我感到最有激情的，以及激励我不断投入的，其实是智力上的挑战。"

"但是跟所有人一样，我也非常享受财富所换来的享受，有钱真是不错的体验。"

第九章

利弗莫尔操盘术——资金管理

资金管理是利弗莫尔最关注的三个方面之一。其他两方面是入场时机和情绪控制。在资金管理方面，利弗莫尔有五大原则。他花了很多年的时间，不断试图将他的全部操盘心得传授给自己的儿子们——资金管理正是其中一个重要的组成部分。

一天，利弗莫尔把自己的两个儿子叫到永恒大厦的办公室里。他坐在一张巨大的老板桌后面，两个儿子跟他面对面坐着。他身体前倾，从口袋里掏出一沓现金，从中抽出了十张一美元纸币，之后再次抽出了十张一美元纸币。然后他将两沓美钞对折，分别递给两个儿子。

儿子们拿着钱，看着自己的父亲，不知道他想干什么。只听见利弗莫尔说："孩子们，你们要记住，钱要叠起来放在你们左边的裤子口袋里。现在就照我说的做。这钱你们自己留着吧。"

两个孩子赶紧按照利弗莫尔的话去做，将叠起来的钱放在自己左边的裤子口袋里。接着利弗莫尔说："你们知道吗，很多人经常把钱包放在屁股后面的口袋里，然后就被小偷偷走了。或者这个小偷可能从你后面走上来，瞄准你右边的口袋，因为大多数人都是右撇子，钱包都会放在右边口袋里。我说这些你们能理解吗，孩子们？"

两个孩子都点点头。

利弗莫尔继续说："好的，这就是为什么我让你们把钱叠起来放在左边口袋的原因。你看，一旦小偷伸手去掏你左边的口袋，你第一时间就能够知道遇到贼了。"

两个孩子面面相觑。

利弗莫尔继续说："孩子们，要看好你们的现金——这就是我跟你们说这么多话的原因。把钱放在你们的敏感部位，不要让任何人靠近你的钱。"

利弗莫尔资金管理的第一项原则——不要亏钱

"我喜欢管这叫我的交易体系。不要亏钱——不要失去你的筹码，不要失去你的底线。一个没有了钱的投机者就像是一个没有一点存货的杂货店老板。钱就是你的存货，就是你的生命线，是你最好的朋友——如果没有钱，你就没法在这个行当里继续生存。所以千万不能失去你的底线！"

"只在一个价位建仓是错误的，也是非常危险的。相反，你应该先决定到底要交易多少股票。比方说，如果你总共想买 1000 股，你可以这样建仓：先在一个关键价位买进 200 股——如果价格上涨就在关键价位附近再买 200 股；如果价格还在上涨就继续买 200 股。然后你看一下市场的反应是怎样的，如果价格继续上涨，或者回调之后继续往上走，那么就放开手把最后 400 股买进来。"

"这里面很关键的一点就是，每一次加仓都要保证价格比上一次要高。如果你要卖空，也可以用这个规则，只是说每一次建仓时，价格都要比上一次低。"

"可以说基本的逻辑是非常简单清楚的：你的每一次交易都是在为整个 1000 股的头寸建仓，每一次交易之前你都需要保证前一次交易是盈利的。只要每一次交易都盈利，就清楚地说明，你此次交易的基本判断是正确的，是有事实根据的。股价朝你预期的方向走了——这就是你所需要的全部证明。反过来说，如果你是亏钱的，那么就应该立刻意识到你的基本判断是错的。"

"对于那些没有经验的投机者来说，最不能理解的部分就是'每一次加仓价格都比上一次高'。为什么这么说？因为每个人都有捡便宜货的天性。为每笔交易出更高的价格是违背人类天性的。人就希望能在最低处买入，在最高处抛出。这里最考验人心的就是不要跟客观事实较劲，不要去主观期待。不要跟盘口争论，因为盘口总是对的——投机容不得主观期待、猜测、恐惧、贪婪和情绪化。盘口说明一切真相，但是人们经常在解读盘口的时候出错。"

"最后，投机者都可以采用不同的方式建仓。比方说，交易员可以第一笔头寸建立 30% 的仓位，第二笔建立 30% 仓位，第三笔建立 40% 仓位。"

"每一个投机者都可以自己决定按照哪种仓位建仓最合适自己。我现在说的方法是最适合我自己的方法。总结一下，我的第一条资金管理原则主要有三个要点。"

"第一个要点：不要一下子就把仓建好。"

"第二个要点：等待，直到确认你对行情的判断正确——也就是说每笔交易多花一些钱。"

"第三个要点：在你的脑中先想好总头寸有多大，总共要买多少股票，或者想好这笔交易你总共准备投资多少钱。这些都要在交易之前想好。"

资金管理——试单

首先确定你想买多少股票，或者准备投资多少钱，然后按照一定百分比买进头寸。利弗莫尔喜欢使用 20% 、20% 、20% 、40% 的比例分批建仓（如图 9-1 所示），你也可以使用自己的比例。

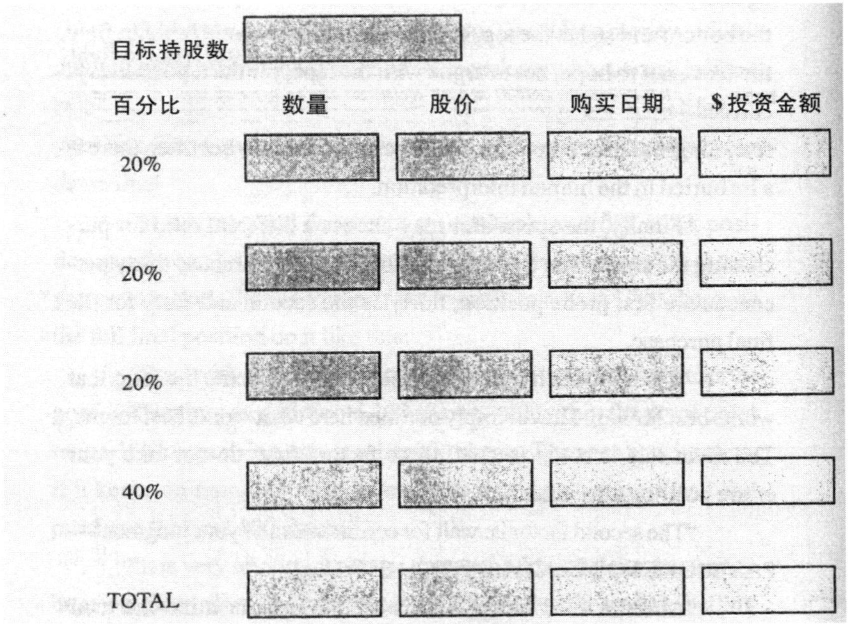

图 9-1　分批建仓计划图

利弗莫尔资金管理的第二项原则——10%止损

在下单之前，你必须先想好你准备总共买入多少股票，即在一次投机中你准备使用的资金占整个投资组合中的百分比。交易员还应该想好在一波上涨中的目标价格。

"我把这个叫作'对赌行'规则，因为那个时候我在对赌行进行交易，所有的头寸我都赚10%的利润。当时，如果我的浮亏超过10%的话，那么对赌行就会自动平掉我的头寸。于是10%止损原则就成为我最重要的资金管理原则。当然也是一项'入场时机'规则……因为这个时候你自然知道现在应该离场了。"

"你要记住：一个投机者必须要在交易之前就制定一个止损点，同时，止损金额绝对不能超过此次投机本金的10%！"

"如果你亏了50%，那么你就必须要赚100%才能扳回本钱。"

表9-1　利弗莫尔的止损比例计算表

初始头寸 （美元）	浮亏（美元）	头寸现值 （美元）	损失百分比 （%）	赚回损失所需 盈利率（%）
1000	80	920	8.0	8.7
	100	900	10.0	11.1
	200	800	20.0	25.0
	300	700	30.0	42.8
	400	600	40.0	66.6
	500	500	50.0	100.0

"我同时学到，当你的经纪人给你打电话，说现在股票下跌了，让你追加保证金——这个时候你应该做的就是让他帮你平仓算了。如果你的成本价在50美元，现在已经跌到了45美元，此时千万不要逆势加仓来摊薄成本。既然股票的表现跟你的预期不符，这就足以说明你的判断是错误的。赶快止损平仓吧。千万不要追加保证金，千万不要期望摊薄成本。"

"很多时候，我在亏损不到 10% 的时候就止损离场。我之所以这样操作，是因为股票从我刚刚进场的时候起，表现就不对劲儿。我的'直觉'经常会悄悄对我说：'利弗莫尔，这支股票有问题，它是一支表现差劲的傻股票，感觉不对劲儿。'我这时就会以最快的速度卖出自己的头寸。"

"可能这就是潜意识在起作用，潜意识将我过去交易中见过千百遍的价格规律和图形形态提炼出来，通过潜意识的信号传送到大脑里，跟我记忆里面的已经标记好的关键形态一一对应，将这些记忆唤醒。不管究竟是什么经验，但是通过那么多年的市场历练，我已经认识到充分尊重这些潜意识是一种明智的交易态度。"

"我完全相信股票的波动形态是时常重复的，很多形态会一再出现，每次的区别都不大。这是因为推动股票波动的是人——而人的本性是不会轻易改变的。"

"我时常发现人们会变成那种'情不自禁的投资者'。如果他们持有的股票下跌了，他们肯定不愿意割肉，或者止损出局。他们倾向于坚持持有，希望股票能够最终反弹回来，甚至再创新高。这就是为什么 10% 的止损规则非常重要的原因。千万不要成为这种情不自禁的投资者。出现亏损就止损吧。当然，这说着容易，做起来很难。"

"我年轻的时候是在对赌行交易的。在那里，如果投机者的保证金不够用，就会立刻被强行平仓。这就是我那个 10% 止损原则的来历——如果我在一笔交易上的浮亏达到 10%，我就会立刻止损。我从来不去问为什么股票价格会下跌，只要下跌了，那么我就已经有了很好的离场理由。我也可能会因为盘感而离场，我觉得这不能说是直觉，而是这么多年来在市场里摸爬滚打累积下来的潜意识。如果我买了一支股票，在心里设想接下来这支股票会怎样运行，一旦实际情况跟我设想的相反，我经常会立刻离场，这是因为我设想的情况没有发生，而是出现了另外的情况，对我来说，这就是充分的离场依据。我也不会再回头去看，如果那支股票最后持续上涨，我自己从来不会自责，更不会自怨自艾。"

"随着我年事见长，我不断总结自己的交易理论，逐渐意识到时间因素在股票市场里的重要性。我不喜欢长期持有，从而避免了持有那些在箱体里长期震荡的股票，否则我的资金就被锁死在这种股票里面了。这就像一个杂货店，如果一件商品卖不掉，老是待在货架上，那么聪明的店主就会清仓甩卖这件商品，盘活流动资金，再去进那些好卖的、供不应求的商品。"

同样的原理也适用于股票市场，钱只应该投资在龙头股票上，投资在那些交投活跃的股票上。在股票市场上交易，持有时间是非常关键的因素。

利弗莫尔资金管理的第三项原则——耐心持有现金

"你要时刻留有现金储备。那些成功的投机者手里总是留有现金的，这就好像会打仗的将军总在关键时刻留有预备队一样，之后出现了机会就会一击制胜，使用预备队来赢得压倒性的胜利。这是因为将军会等待天时地利人和都对自己有利，等待最有利的战机出现。"

"股票市场里从来不缺少机会，就算你失去了一个好机会，不要急，暂且等待一会儿，另外一个好机会很快就会浮现出来。千万不要硬着头皮上，而是要等待'一切条件都对你有利的机会'。要记住，你没有必要成天都待在市场里面。"

"我很喜欢用玩牌来做比喻。对我来说投机就像是玩扑克或者桥牌，只要是人，就肯定想把把都参与。人的这种'时刻不愿离场'的欲望，则正是投机者在管理自己的资金时最大的敌人之一。这种欲望最终会带来灾难，至少在我早期的投机生涯中曾经不止一次让我破产，使我在经济上陷入极大困境。"

"在股票市场里搏杀，有时候你的钱就应该拿出来，停止交易，在场外持币观望，等待机会出现再入场。在股票市场里面，时间不是金钱，时间就是时间，钱就是钱，两者不相干。"

"有时候，你就应该持币观望，等出现了合适的机会，时间也刚刚好的时候再把钱投资进来，这个时候你可能会大赚一笔，千万要有耐心，耐心很重要。成功的关键不是速度，而是耐心，如果使用正确的话，时机将是一个聪明的投资者最好的朋友。"

"要记住，一个聪明的投机者总是充满耐心，持币以待。"

利弗莫尔资金管理的第四项规则——让利润奔跑

"紧盯强势股——只要这支股票的运行一切正常，千万不要急着套现。你要相信自己的基本判断是正确的，要不然你根本就不会有浮盈。如果现在股票没有出现任何不利的情况，那么太好了，你现在就继续持有吧。小的盈利有可能最后会变成非常大的赢利，只要整个大势和这支股票本身没有出现什么让你担忧的情况。坚持持有吧——对你自己的判断要有信心！坚持持有！"

"当我在一笔交易中有盈利的时候，我是从来不会紧张的。我曾经在一支股票上有十万股的头寸，但是我晚上睡觉的时候香甜得像一个婴儿。为什么我能做得到？因为我当时有账面浮盈。简单地说，我就是在用从股票市场里赚来的钱投资。就算我亏掉了所有的浮盈，那也只是亏掉了我从来没有真正拥有的钱。"

"当然，反过来，如果我一入场就亏钱了，那么我会立刻平仓。你不能停下来慢慢想，想要搞清楚为什么股票的运行方向出了问题——事实是，股票的的确确在朝相反的方向运行，这本身就是充分的证据，有经验的投机者会立刻依此平仓。"

"利润能够自己照顾自己，但是亏损从来不会。"

"千万不要把这种'让利润奔跑'的策略与'买了就一直持有'的长期投资策略混为一谈。我从来没有，未来也不会盲目地买入股票并一直持有。对于未来那么久远的事情，谁能够说得清楚呢？事情是经常发生变化的：人的生活会改变，关系会改变，健康状况会改变，季节会变化，你的小孩会不断长大，你的爱人可能也会变心。好了，你原来因为个股的基本面好而入场，那么这个基本面为什么不能改变呢？买入之后盲目持有，坚信自己买的是一家好公司的股票，或者是一个朝阳产业，或者这个国家的经济非常健康。去相信所有这些理由，对我来说就等于在股市里面自杀。"

"买股票最关键的要点之一，就是尽可能在反转关键价位或者延续关键价位附近入场。从来都是因为股票突破了这些关键价位我才决定入场的。如果股票从反转关键价位反弹后一直上涨，那么我就会放宽心，坚持持有，因为现在我跟庄家站在一头，推动行情的不只是我自己的钱了。但是股票在突破关键价位之后，如果跟我的头寸运行方向相反，那么我马上就会平仓。只要账面是浮盈的，我就会非常放松，冷静地观察股票的走向，在出现相反信号之前，什么也不用做。我从来不会因为有可能损失账面利润而担忧，因为账面利润其实还不算是我的钱。所以我最重要的工作就是找到反转关键价位以及延续关键价位。所以规则是：严格止损，但是要让利润奔跑。"

"紧盯强势股——让利润奔跑，直到你有明确的理由离场。"

利弗莫尔资金管理第五项规则——把盈利兑现

利弗莫尔曾经说："我建议你将每笔成功交易的 50% 的盈利拿出来，特别是在你将自己的资金翻倍的交易之后。把这些钱放在一边，或者把钱存进银行，当成是自己的现金储备；或者就把这些钱放在保险箱里面。"

"这就像在赌场里博彩一样，如果你赢了钱，应该时不时把一些筹码从赌桌上收回来，兑换成现金。这绝对是一个好主意。可以说在股票上赚了一笔大钱之后是兑现的最好时机。现金是你'枪膛'里面的秘密子弹。一定要留有一定的现金。"

"在我纵横金融市场的那么多年里，最大的遗憾就是对于这项原则的重视程度不够。"

不要碰低价股

"投机者经常犯的最大错误之一就是买廉价股票，而唯一的入场理由就是股价看起来非常便宜。很多有经验的交易者也都会犯这个错误。虽然说时不时确实有一支 5～10 美元的便宜股票，因为市场供需的关系，一举被推到超过 100 美元的高位，但是更多的低价股最终的结局是一文不名，申请破产托管，或者在破产的边缘挣扎。一年又一年，连给股东分红的可能性都很低。"

"在选股的时候，投资者最关键的是要明确哪个行业、哪个板块现在最强势，哪些板块一般强势，哪些板块比较弱，哪些板块非常弱。投机者坚决不能碰那些疲软板块中的低价股——特别是如果吸引你购买的唯一理由就是这些股票看起来非常便宜。投机者应该盯着那些强势的、发展健康的板块。"

"要保证你的资金的流动性，要让资金为你工作！参与投机的公众似乎总是充当受凌辱的角色，这其中最大的原因恐怕就是公众在投资和投机的时候，没有让自己的资金有效流转。公众要么满仓，要么套牢，从来不会给自己留下什么预备的资金。"

"如果你告诉公众，某一支股票下个月可能会上涨几美元，你觉得他们会感兴趣吗？不会的，他们想要那些涨得更快的股票。但是又过了几个月，他们会如梦初醒，原来自己看不上的股票现在居然又上涨了 20 多美元，但是他们真正持有的，那些又便宜、波动又剧烈的股票，现在的价格比他们的成本价还要低。"

不要管知道内幕的人在干什么

"我从来不关注内幕人士最新的小道消息，在这里我说的是相关公司的董事和管理层。因为对于他们自己公司的股票，他们自己往往会做出最差的判断。对于自己公司的股票，他们了解得太多了。而对于自己公司的弱点，他们观察得太仔细了。而且核心管理层对于股票市场往往不甚了解，特别是市场的主要技术指标和板块趋势。这些人往往不愿意承认，股票市场和他们熟悉的公司运营完全是两回事。换句话说，你可能是广播业或者汽车业界的行家里手，或者极擅长锻造钢铁，但同时你也可能对于交易股票一无所知，尤其是在一个波动剧烈的股票市场上。"

"很多时候在我看来，一家公司的首席执行官在股票市场方面，其工作性质跟拉拉队长别无二致。他必须不停地让投资者放下心来，保证一切都很好，没有什么问题，比方说，如果销量下滑，那么他就会跟投资者解释，这完全是受到暂时的季节因素的影响，只是一个小问题。如果盈利下滑，他就会跟投资者说，公司已经注意到了这个问题，正在采取措施。我们有很多方案来解决问题，一定能够恢复预期盈利，完全没有什么好担心的。"

建立一个盈利目标——风险收益率

"对于一笔交易中本金和潜在收益的比率，我一向非常关注。假设一支股票现价是 200 美元，如果我认为现在会出现一波 20 美元的行情，相当于 10% 的波动，我就相当于要投资 20 万美元以赚取 2 万美元。对我来说这没有什么吸引力，因为风险收益率太低了。就算一个交易员再杰出，在股票市场中出现亏损也是再正常不过的事情，所以可能出现的亏损应该看作是交易的营业费用，跟资金利息、交易费用以及资本增值税一样。根据我的经验，很少有投资者在建立头寸之前会去考虑这笔交易的风险收益率。但是这样做是非常关键的，投机者一定要有一个具体的计划才行。"

"其实我的交易远没有外人以为的那样频繁。在我上了点岁数之后，我只对'主要波动'感兴趣，即一支股票的最重要的上涨下跌。这种交易非常需要耐心，必须等待所有的风险因素都对我有利，这个时刻我会感到行情向对我有利的方向发展的可能性最大，不管是大盘、行业板块，还是同类股的表现。总之，现在出手的时机已经成熟，重要的关键价位已经被突破了。"

"我所说的'安然等待'非常重要，这并不是指买好股票之后，而是指在建立头寸之前——因为只有在建仓之前你才应该等待一切因素都慢慢变得对你有利，逐渐形成一次投机良机，或者说这个时候成功的可能性最高。我的原则是：一定要等尽可能多的风险因素都对你有利，千万不要急匆匆地下单，慢慢来，市场中有的是机会。要记住，从一笔毁灭性的损失中恢复元气是非常困难的——不管别人跟你说什么，这都是大实话。你应该听有经验的过来人的肺腑之言；如果一个交易员没有现金，就好像是一个商人没有存货一样，他基本上就没有办法做生意了。所以多一点耐心吧，慢慢来，千万不要在一笔交易上赌下所有身家，相反，你应该看管好自己的资金。除非你现在是在用浮动盈利加码：这个时候，浮动盈利来源于市场，是那支股票暂时借给你的资金。"

在建仓之前一定要明确止损点

"当你建仓买股票的时候，你一定要先想好，如果股票的走势跟你的头寸相反，那么什么时候应该止损？关键的是你要严格遵守自己的原则！绝对不要让损失超过你投资的资金的 10%。想要弥补损失，相当于赚钱两倍那么难。"

"你必须严格遵守自己的规则……不能自欺欺人，不能拖延，不能妄图等待。我最基本的交易原则是绝对不要承担超过本金 10% 的损失。"

"我每一次交易之前都会想好什么时候止损。我之前说要在关键价位附近入场，其中一个主要原因就是，这样一来我就明确了什么时候应该止损离场。如果这个关键价位在一波行情的顶部或者底部，或者位于突破新高之处，或者是从盘整当中突破出来，或者是我所说的'延续关键价位'，那么我就会以此作为自己的止损点，如果行情变得对我不利，我就会以此止损离场。绝大多数的交易员都不会花时间按照以下步骤交易。"

"第一，判断此次交易的盈利预期和所需要资金的比例。如果投资很大，但是潜在收益很小，那么还是别参与了吧。"

"第二，在你建仓之前，一定要确认你的买点是在重要的关键价位上，并以此为行情走坏时的离场点。把这个关键价位写下来，严格遵守。严格止损，这是最重要的事情，哪怕你被行情来回折腾，刚刚下好单，很快行情又反弹了回来。很有可能行情不如你所预期的方式发展，这是最值得深刻记忆的重要原则。"

"第三，一定要确认所有的风险因素都对你有利，不论是市场方向、板块方向同类股的走向还是具体的买点。"

"第四，等到万事俱备，交易员就必须像机器人一样严格按照交易计划操作，并且严格执行自己的交易原则。"

"公众在做股票交易的时候很难成功。这话不太中听，我希望大家不要因此生气。公众经常会为了 5 美元的盈利而遭受 10 美元的损失。他们会认为逆转的行情不过是正常的回调，从而在整波下跌中一直持仓。在刚刚开始交易的时候，我会尽自己最大能力去仔细观察，这是因为我想要在突破的时候买入。但是如果没有出现突破，或者实际上行情朝反方向发展了，我就会立刻抛出股票离场。"

"为什么呢？很简单，因为一旦股票没有按照我预期的方向运行，那么我的判断就是错误的，不要管为什么错了，错就是错了，就是因为错了，所以我必须离场。要记住，我知道所有交易中总有相当数量的错单，所以我不会因此难过，或者责怪我自己——不会的，我会朝前看，看下一个投机机会。我是说我之所以出错，是因为我发现我的整体判断有时候太过超前，所以这个时候我就会离场，持币观望。"

"要记住，没有哪个交易员的判断是100%正确的，要是真的有不出错的交易员，那么很快他就会变成全球首富了。但根本不是这么回事，我们每个人都会犯错，而且将来，不论是在人生中还是在股市里，我们都将继续犯错。但是如果我们能够学会'迅速止损，并让利润奔跑'的原理，那么收获将是巨大的。除非你有很好的理由，否则千万不要贸然卖出自己的头寸。如果只是想要套现，那么这肯定不是一个好的理由。"

把时间当做一个交易维度

"……之后，在交易中，我决定不再持有那些没有按照我的预期方向运行的股票。我会等待那些我认为是绝佳机会的时机买入股票，我觉得可能几天之内股价就会朝我设想的方向变动，抑或是一个我觉得比较合理的时间，比方说一两周，之后我就会抛掉这部分头寸。我可能会等待几天、几周甚至几个月，只是为了让股价调整到我认为最合适的时机，换句话说，我会等待最佳的买点——这个时候，一切的风险因素都对我有利。但是如果股票表现不如我意，我会很快清空头寸，哪怕这个时候股票还没有开始下跌。"

"经过那么多年在股票市场里面的搏杀，我认识到市场里面从来不缺少机会，所以持币观望虽然意味着这些钱——你的这些存货，暂时是死钱，但是等'关键时机'出现时，拿这些钱来投资就有可能获得惊人回报。很多人会把他们涨得好好的股票卖掉，但是却留着正在亏钱的股票。同样地，这些人可能会把那些趴着不动的股票留着，这些股票根本没有什么波动，既不上涨也不下跌。"

"请注意，这并不意味着股票在健康的上涨过程中，不会出现正常的回调或者盘整。我们在这里说的是，一支处于趋势通道中的股票还是有可能出现盘整的，这个时候看不出任何的方向，这个时候主力可能在吸筹，或者在出货。如果现在看不清楚，那么最好的办法就是先离场，这绝对要好过赌一把；如果现在主力正在出货的话，那么股票终将下跌，你最后很可能以亏钱收场。给这些股票一些时间吧，让他们在市场里自由波动，最终它一定会出现一个趋势。这个时候千万不要将这支仍不明朗的股票放在一边，然后立即去寻找下一个交易机会，这是不明智的，这还是太快了一些。"

"有的股票，我买进来之后虽然上涨了一两美元，但是走势虚弱，磨磨蹭蹭的，我不喜欢这样的股票，所以很快就会将其抛掉。对我来说，账面上能否打平并不重要，出现微弱盈利和亏损对我来说都没关系 ——因为事实表明，建仓后股票没有按照我之前分析和预期的方式运行，所以对我来说结论很简单——我一开始的判断错了，我必须立刻离场。我的判断之前出过错，很有可能未来还会出现错误，对于这点我从来都不否认。认识到了这点就好，怕就怕在对此浑然不觉，没有及时离场。随机应变才是真正的聪明——死要面子最终只会带来亏损。"

"我认为最差的一种股票叫作'无精打采的流浪股'。这种股票不会按照你希望其波动的方向运行，但是却把你的资金套在里面：其股价随波逐流，但是却又不会形成实质性的行情。每当我发现自己开始将决策寄托在虚无飘渺的希望上的时候，我就知道我现在陷于危险的境地中了。当我止损离场，我才能够分辨危险到底是什么，要重新盈利我需要怎么办。如果我坚持扛着那些亏损的，或者没有方向的头寸，我总会受到影响，之后应该下单的时候不敢下单。我发现我现在只应该交易那些活跃的股票，那些领头羊，那些充满无限活力的股票。我看中的是股票的活力和动能，而不是具体的市场走向——上涨下跌都一样，做多做空都一样。"

"我观察到许多投资股票的人，买好之后就将股票锁在保险箱里，觉得这样一来自己的投资也就安全了。但这绝对是错误的，人们不应该买好股票之后就一直留着，等将来再处理；很多人之前以为那些钢铁、广播、航空、石油、铁路以及其他上百种有价证券，'就像银行存款'一样安全。但是，经过那么多年之后，这些股票已经完全不值那么多钱了。"

"我坚信让自己的资本不断流转是有好处的。要记住，要是一个商人把他自己部分的资本金冻结起来，不再流转，那么此刻他就必须从尚未冻结的资金上赚取自己所有的利润。这会削弱他的赚钱能力，因为此时这些投入流转的资金必须要赚两倍的利润，才能弥补冻结起来的资金的盈利损失。冻结起来的资金是不会有任何盈利的。"

"但是除了以上的理由之外，我还要强调其中的'机会损失'。一旦资金冻结起来，这些股票交易员就失去了交易龙头股的黄金机会，要是参与了这些交易，这些冻结的资金就能够给这些交易员带来利润和成功——但是现在，他们把资金锁死不用，那么利润自然与他们无缘，相反只能处于无利可图的状态。"

"在这里，不合理的期望是交易员最大的敌人，它已经在漫长的市场时光中摧毁了数百万的投机者。严格止损吧，不管你是不是及时止损，损失已经明明白白地存在了。"

"换句话说，在建立一笔头寸后，我在心里会有两个止损点，一个是'价格止损点'，另一个是'时间止损点'。如果股票的实际走向与我的头寸方向相反，我最多亏几美元就会离场。同时，如果股票走势跟我的预期不一致的话，我持有的时间最长不会超过几天。"

"这就是我股票交易技巧的核心和关键，我就是采用这个方法来让自己的资金不断流转的。可能你听起来觉得有一点自相矛盾，但是实际情况并不是这样。有时候，我会从市场抽身，把所有的投机资金都变现。我会不停地等待，等待市场出现趋势，等待完美的入场机会在我的面前自动浮现。市场中的生存之道就在于，想要出手的时候，你手里总有足够的现钱，这就像是一个将军手里总是有预备队，当完美的战机出现，他就会将预备队投入战场，确保胜利。"

上涨或者下降的点数是资金管理的关键

"对于我投资的每一支股票，我都希望最少能够获利 10 美元。"

"我的原则是：盯住最强势的板块，同时只交易最强势的板块中的龙头股。"

"我一向认为，我交易的核心就是看一笔交易能够赚多少钱。对于股票现价的高低我一向没有偏见，但是我也知道，同样是上涨100%，低价股是从10美元上涨到20美元，高价股是从100美元上涨到200美元。"

"最难的事情就是找到现在市场中的龙头股，同时找到那些试图将其击落马下的新的龙头股。在市场趋势出现转折或者改变的时候，最重要的就是去观察那些逐渐失去人们追捧的旧的龙头股，以及哪些股票会在未来引领股市的走势。"

"我同时观察到，一般来说，投资于强势板块中的龙头股是最为明智的——千万不要找同样板块中的低价股、弱势股，这些股票还没有等来翻身的那一天——所以，只去寻觅那些强势板块中的强势股吧！"

利弗莫尔的金字塔加码方法

"我从市场中有经验的老手那里学到了一条经验：'千万不要逆势加仓'。我自己的经验也印证了这一点。具体来说，如果你买入的股票下跌了——千万不要继续加仓以摊薄成本——想法虽好，但是极少奏效。经常奏效的加仓方法叫作'顺势加仓'，也就是说，当你买入的股票上涨的时候就持续买入。但是，我发现这么做有时候也有危险，所以我一般在行情刚开始的时候建立我的主要头寸，这个买点在第一个关键价位处，之后在我称作'延续关键价位'的地方再加仓——当然加仓的前提是股票已经从盘整阶段走了出来，走出一段强势行情。我这样说的意思是，交易员必须耐心等待，让股票走势证明其已经离开震荡区间，强势突破延续关键价位；而且交易员不能去预判这些行情的走势，除非股票走势自己表现出来，否则任何预判都有风险。在这个关键节点，交易员一定要像鹰一样时刻准备，但是千万不要被一厢情愿的预期所误导。"

"交易员最后的加仓机会是在股票明显创出了新高，同时成交量急剧放大时，这是一个非常好的买入信号，因为此时股价上方没有什么抛压，在接下来一段时间里，没有什么力量会阻碍股票继续奔跑了。"

"金字塔加码方法是一种危险的市场行为，任何尝试这种方法的人都必须足够灵活，拥有丰富经验，特别是当一支股票越涨越高或者越跌越深之时，此时加仓就更加危险了。我发现如果一支股票离行情的起点已经很远的时候，加仓是非常危险的——这个时候应该等待股票再次突破新高，即突破了新的延续关键价位。"

"你也应该记住，在市场上没有什么一成不变的规则，股票作手的核心目标就是尽可能让各种风险因素都站在自己这一边。但是就算时机占尽，交易员还是很有可能出错，这个时候他就必须立刻作出反应，及时止损。"

"以下这条原则我是从一位伟大的交易员那里学来的：尽可能远离焦虑——想尽一切办法保持头脑清醒和判断正确。在现实生活中，我会采取一切办法来做到这一点：我睡得很早，饮食适度，盯盘的时候总是站着而不是坐着，打电话的时候也总是站着，在交易室里面也总是要求大家保持安静。去交易所的路上我从来不说话，也不会跟别人谈起我的交易情况。"

"但是不论怎样，我还是觉得对于一个投机者最关键的一点，就是为市场中出现的千载难逢的交易机会留有足够的现金。这个时候，所有的风险因素都站在你这一边，这是名符其实的'关键时刻的绝佳交易机会'，比方说大牛市的顶点，或者大跌势的最低点。如果你等待着行情按照你的预期运行，手里握有充足的现金严阵以待，估计世界上没有比这更棒的感觉了。"

股票盈利：每一支股票的支撑点

"在股票市场中获得成功没有什么特别的魔法。就我所知，每一个成功的人都会在投资之前仔细研究，所谓三思而后行；严格按照自己交易系统的原则投资，其他的一切都不予考虑。"

"我也经常说，一个人想要在股票市场中成功，那么他一定要对于经济的基本知识有所了解，对于可能出现的各种情况都非常熟悉——一家公司的财务状况，过去的业绩，生产能力，公司所在行业的整体情况，以及整个经济走势。"

"最后，你应该关注公司的收入情况——盈利如何，盈利预期如何，其实是这些东西推动着股票的走向，而不是希望或者贪婪这种个人的情绪。在最后的分析中，是公司的盈利最终推动股票的波动，不管这种盈利是实实在在的，还是存在于人们的预期当中的。你要记住，对于任何一个板块或者个股来说，基本面或早或迟总会反映在股价上。"

第十章
利弗莫尔操盘术——情绪控制

到 1923 年为止，利弗莫尔活跃的交易生涯已经长达 23 年了。这一年，他 46 岁。对于这份自己选择的事业，他总是充满难以抑制的求知渴望，对于市场技术面的研究他也是不停地学习。此外，对于市场情绪的问题他也非常感兴趣。有一段时间，他专门去夜校学习心理学，只是为了更好地了解人性。利弗莫尔认为，虽然说参与金融市场的人数以百万计，但是投机者需要研究和理解的心理模式总结起来也就那几种——毕竟，人性是有一些普遍特点的。

后来，利弗莫尔的儿子——保罗和小杰西，曾经问过他："爸爸，为什么你能够在市场上呼风唤雨，但是其他人却不断亏钱？"

"这么说吧，儿子，我也曾经亏过钱，但是每一次亏钱，我都会试图找出亏钱的原因。你必须去研究股票市场，不是说随便看看就算了，而是深入地研究，形成自己的认识。我觉得，很多人给家里买一台电器，或者说买一辆车，他们在这方面花的工夫都比买股票花的工夫要多，要更加细心。股票市场的节奏很快，加上看起来在股市中赚钱很容易，所以人们往往受到诱惑，在管理自己的血汗钱的时候显得那么愚昧和漫不经心，甚至都比不上买一台家用电器。"

"你看，炒股票看上去很简单的，只要向经纪人下个单，之后再打个电话将股票抛掉，就能够完成交易了。如果这笔交易你赚钱了，那么看起来这钱赚得确实容易，根本就没有花什么工夫。你根本不需要早上九点钟准时上班，再辛辛苦苦地工作八个小时。炒股票就是一项纸面交易，看上去根本不用操心。同时让人觉得这是一种轻松致富的方式。比方说，先以 10 美元的价格买入股票，之后再以高于 10 美元的价格抛出即可。看上去似乎是，你交易得越多，你赚的钱越多。对于这些人，我只能说，他们非常无知。"

"在整个交易过程中，你必须自始自终控制自己的情绪——孩子们，在这个过程中你们需要控制恐惧，等你们长大一点之后你们就会意识到这一点。恐惧隐藏在所有正常人类生活的表面下。就像暴力一样，恐惧体现在一次心跳、一次急促的呼吸、一次眨眼睛、一次握手和一声枪响之中。当恐惧出现时，人天生的生存本能就会占据上风，正常的思考就会被扭曲。恐惧时，平时非常理性的人也会变得不理性。而当人们开始亏钱的时候，他们就会开始恐惧了，这个时候，他们的判断力就会受到损害。哪怕人类进化到现在这个阶段，这也还是我们的本性。没有人能够否认这一点。你需要做的是去认识这种天性，特别是在市场里做交易的时候。"

"那些失败的投资者是"希望"最好的朋友——对于股票市场而言，希望与贪婪和恐惧会先后进入人们的生活。一旦开始进行股票交易，人们心中的希望之情总是油然而生。人们的本性就是充满希望、积极向上的，总希望得到最好的结果。

对于人类来说，希望是一种特别重要的生存技巧。但是希望跟无知、贪婪、恐惧等市场中经常出现的情绪一样，也会扭曲人的理智。所以，我的儿子啊，在股票市场里面只应该关注事实、真实情况、理性分析，而且要明白股票市场本身从来不出错——但是交易员则经常出错。这就像是不断旋转的轮盘赌，决定是输是赢的是那粒黑色的小球，而不是贪婪、恐惧和希望。任何结果都是客观的，不可更改的，你没有办法申诉，这就像残酷的大自然。"

保罗和小杰西于是问，股票市场适不适合他们两个人呢？对他们来说会不会太危险了？他们是不是应该不要参与父亲的事业了？

利弗莫尔继续说："我相信社会公众是需要被引领和指导的，需要有人告诉他们应该怎么办。公众需要慰藉。他们总喜欢统一行动，就像是兽群或者乌合之众，从来都是一群一群的，因为人总是需要那种有同伴陪伴的安全感。他们非常害怕自己一个人行动，因为人总是相信在人群中更加安全。如果你总是逆向思维的话，那么你就会像一只小牛犊，一个人独处在群狼游荡的荒漠上。而且，事实上随大流确实比较安全。"

"但是话说到这里，情况就开始变得比较复杂了。我交易的时候总喜欢跟随最小阻力线——也就是趋势，所以绝大多数时候，我一般会跟随大众，跟随主流投资者。但是最难把握、最难做到随机应变的是'趋势出现改变'的时候，这个时候整个市场的方向都会改变。但是我总是想要找出市场即将改变的蛛丝马迹。不过我也随时准备好与大众的思维方式分道扬镳，选择与群体思维相反的思维方向，因为我相信一切都是有周期的——就像生命一样，总有自己的起起伏伏。"

"在投机者的交易生涯中，最难把握的就是趋势的改变。可以说趋势的重大转折就像是地狱一般。但是，我不会像大众一样看着股票像坐雪橇一样从山巅滑下来，这个时候我会卖空股票。"

"以此为依据，我制定了两个原则，并严格遵守。"

"第一，不要任何时候都在市场里投资——很多时候我都是完全空仓，全部变现，尤其是我不太清楚市场走向的时候，此时我会等待确认下一波行情的信号。在之后的交易生涯中，每当我判断行情就要到来，但是不清楚具体时机的时候，或者搞不清楚趋势转向到底有多么剧烈的时候，我就会完全清仓，静观其变。"

"第二，投机者最受伤的时候，是主要趋势发生改变的时候。这个时候，他们往往拥有错误的头寸，没能跟市场站在同一边。为了确认我对市场趋势即将改变的判断是否正确，我会用小笔头寸试单。这个时候的头寸都不大，我会根据具体或多或空的市场走向，确认我自己的判断是否正确。用试单的方式，先投入一点点资金，我就能够得到趋势改变的信号，因为每一次买进股票的价格都比前一次要低——这说明股票价格正在下跌。"

利弗莫尔是怎么为一个交易日做准备的

杰西·利弗莫尔是一个高度自律的人。在工作日，他晚上十点钟会准时就寝，第二天早上六点钟准时起床。每天醒来的第一个小时他不希望别人吵到他。如果前一晚他在位于纽约长岛的住宅休息，厨房工作人员就知道，要把他喝的咖啡和果汁放在阳光房的餐桌上。报纸也要提前为他准备好，主要是一些欧洲或美国芝加哥的报纸。利弗莫尔一辈子都是一个如饥似渴的阅读者。他喜欢用一天的头一两个小时来计划一整天的工作。他观察到很少有人会去计划自己的一天该怎样度过。虽然说很多人的日子过得还算是井井有条的，他们会提前把计划好的会面或午餐写进日程表。这些人知道将有哪些具体活动在前面等着自己，会议也好，来访的客人也好，需要接听或者打出去的电话也好，他们知道别人为他们安排了一些什么——但是他们搞不清楚该为自己安排哪些重要的事情。

在一些特殊的场合，利弗莫尔会在位于长岛家中的图书馆里面，向自己的孩子传授自己的投机之道："孩子们，你们会发现，很少有企业家会自己安排时间来处理最重要的事情。多数情况下，别人已经帮他安排好一天的日程了——可能做这个工作的是他的秘书或者是他的工作人员。他只是去出席而已。在一天快结束的时候，对于那些最重要的事情，他往往还没有来得及去做，没来得及检查，或者没有做完。他要经营一项复杂的生意，但是那些重要的战略问题他还没有来得及去想：人事问题、兼并收购、融资、重要的营销创意——比方说银行家应该考虑的分期付款的消费信贷计划。就算这些生意人真的有过这些思考，估计他们也没有机会重新检查或者再次评估。"

"但我不是这样的。在股市里，我每一个交易决策都必须是基于尽可能清晰的客观事实作出的。想要在市场里正确地交易，就必须保持安静，必须独处以审视具体的情况，不断地分析和讨论在交易时段层出不穷的新的市场信息。市场参与者必须有一个清晰的交易策略。"

"我发现，如果只是拿起电话机，拨下号码，简单地买进卖出，这是没有任何难度的事情。难就难在如何认识到什么时间该做什么事情，并且严格按照你的交易计划行事。"

"孩子们，很久之前我就决定，如果我在交易过程中犯下了任何错误——我希望这些错误是'我自己通过思考犯的'。我不需要别人告诉我小道消息，影响我的交易，我不需要他们帮我亏钱。在我从事的这个行当里，亏钱就是亏钱，赚钱就是赚钱，根本没有必要做多余的讨论……这个时候你应该把钱存在银行里，赚一丁点利息，等待合适时机的出现。"

"这就是为什么我晚上十点睡觉，早上六点起床。一个人要做到凡事仔细、纪律性强，就必须对大小事情都留心，不能对有关的信息一无所知。有时候忽视某个细节，不管是大是小，都有可能葬送你的计划。就像一个作战时的将军一样，他的将士的生命就取决于他的计划做得是否详细，以及计划执行得好不好。股票市场不允许你有丝毫的马虎大意。"

"人们往往认为我就是一个简简单单的投机者，一个交易员，发现赚钱的机会就一头扎进去。这种说法完全不符合事实。我经常从报纸上看上去似乎没有用的信息或线索中找到机会，在确认无误之后，我就会去调查背后隐藏着什么东西，之后会相应地做出反应。"

"你想问我一天是怎么度过的？早上那几个小时我一般独处。因为休息过后精神很好，加上没有什么东西分心，我可以全神贯注地阅读报纸。我经常关注一些豆腐块大小的新闻，比方说天气预报、旱灾、虫灾、罢工等，然后会评估这些因素对于玉米、小麦以及棉花收成的影响，这能够给我一个大致的概念，有时候甚至是一个可能的交易机会。"

"金融方面的信息我一般通过大宗商品市场的实际价格和波动情况获得，比方说煤炭、铜、钢铁、纺织品、糖、玉米、小麦、汽车的销售情况，以及失业率数据。对于美国的基本经济情况，我总有正确的预感和判断。我对最终交易方向的判断是基于事实作出的，方向很明确，不是基于某一个事实，而是一系列事实。"

"我绝对不会仅仅浏览报纸的头条，我会仔细地阅读每一条小新闻，它们都有可能给我提供重要的线索，特别是关于行业板块或者某一支股票由强转弱，或者由弱转强的信号。"

"只浏览标题的人是大笨蛋。一个好的投机者必须要了解新闻背后真正发生了什么。你要当心，很多误导性的文章都是一些别有用心的人或者经纪人提供的，他们要么释放利好以便出货，要么他们想要让别人继续持有头寸，自己才好把股票卖一个好价钱。"

"有一次，我坐火车去匹兹堡，在那里，我看到轧钢厂的开工率根本没有达到30%，连20%都不到，而且还在下降。换句话说，这是一个短线卖空的绝佳机会。"

"很不幸的是，许多投资者都只看标题，他们很容易轻信看到的文章。之所以说他们不幸，是因为像股票市场这样牵扯了大量资金的地方，肯定会有许多陷阱、阴谋、危险以及狡猾的金钱圈套。我观察到，一般你在报纸上看到的新闻，跟这样那样的小道消息没什么分别。所以读者们一定要留心消息来源，对于某条消息发布的动机和对市场可能的影响要有自己的判断，否则你很有可能又一次变成被人戏耍的笨蛋。"

"孩子们，我观察到，早上是最好的时光，利用得好就能够获得巨大的优势，这有助于你成为一个成功的股票交易员。整个房间里非常安静，没有人或事物会分散你的注意力，而经过一个晚上的睡眠之后，一个人又重新精神焕发了。"

"等你们长大一点，你们就会发现绝大多数人都会在清晨某个固定的时间起床，洗漱完毕就直接去办公室了。这些人经常感到，每天晚上下班之后应该到电影院、戏院放松一下，或者好好吃一顿晚饭，中间再喝上几杯。换句话说，他们觉得有必要在工作日也参与社交或者娱乐休闲活动。可能从事别的领域这么做是行得通的，但是如果一个人想要在股票交易上获得成功，那么经常这么干是非常危险的。一个受过良好训练的职业运动员，必须在生活中保证自己的身体处于最佳状态。一个好的股票交易员也是这样，他必须时刻保持自己的精神状态处于巅峰。他的思维必须与身体协调一致，因为世界上没有比股票市场更加剧烈和刺激的战场了。如果有人认为在股票市场里面获得成功是一件很容易、很快的事，能够不花什么工夫就稳定盈利，那么他就大错特错了。一个成功的交易员必须时刻保持身体处于巅峰状态。"

"在工作日的时候，我非常乐意放弃那些从夜里十点持续到凌晨两点的娱乐活动。错过这些娱乐我一点也不感到有什么可惜，因为我在这段时间里面获得了充足的睡眠，而且第二天一早能够五六点起床。我一直认为，独处和在这段时间里的思考是两项真正的享受。因为我所参与的游戏比单纯的愉悦和社交更高级。在我投身其中的股票市场里，我希望能够获得至高无上的地位——只有这样我才能获得真正的愉悦和满足感。我要做市场的参与者和真正的赢家。"

"我发现社会大众往往认为股票市场里面赚钱很容易。一般人手里有一些闲钱可以投资,他们以为只要投资股票市场,就能够轻松保值增值。"

"但是实际情况并非如此。我发现越是不了解股票市场的人,参与市场的时候就越固执,他们经常在匆忙之间就把钱全亏了。"

"所以我坚信,如果你想在股票市场里成功,那么你一定要保证充足的睡眠,给自己充足的时间,不间断地研究股票市场里的各种相关因素。你要记住,在股市获得成功的关键就是知识和耐心。没有耐心,对于市场非常无知,只想赚快钱,这种人基本上永远不会在股票市场获得成功。"

"如果有人认为自己的成功要靠运气的话,那么他最好还是不要参与市场了。因为从一开始他的态度就是错的。一般的股票投资者最大的错误就是他们以为股市是一个大赌场。"

"一个人应该从一开始就意识到,在股市里面交易需要做充足的研究和准备,就像学法律或者学医一样。对于股票市场的一些交易规则,很少有人去好好研究,但其实大家应该像一个法律专业的学生准备司法考试一样认真学习才是。很多人认为我的成功完全是靠运气,这不是事实;实际情况是,我从 15 岁开始就非常仔细地研究股票市场。我把自己的全部生命都奉献给了股票市场,在上面投入了全部精力,竭尽了全力。"

利弗莫尔办公室里面的特殊设计

"我最想做的事情就是保护我自己不受各种不期而至的坏事的影响——我特别想躲开一些人,这些人总想告诉我一些信息,看上去像是为我交易股票提供协助似的——这里所谓的信息应该就是内幕信息吧。但是内幕信息反而是我在股票市场中交易时对我伤害最大的东西。"

"我从来不想加入任何股票交易员的小团体,特别是那些成天在交易大厅厮混的交易员。最主要的原因是,我想要保持自己思维的连续性。我需要连续 15 分钟以上的不受打扰的思考时间。这些在交易大厅里的人们,成天谈论内幕消息、八卦新闻,对于这些东西我完全不感兴趣。"

"在那些比较大的营业厅中,总会有很多人聚集在一起,这会导致我大脑紊乱。他们的偏见和各种秘不告人的小道消息很少与我自己的思路合拍,对我来说，跟这些人在一起对我的交易是有害的。我觉得最有利的是在安静的环境中工作，不跟别人交流。我有一个朋友曾经对我说，他从来不相信内幕消息。就算犯错，他也希望是通过自己的思考造成的，这比跟着别人一起死要好得多。我觉得我这个朋友的想法很正确。"

"同时，从家去办公室的那段路我不喜欢受打扰。我要么安静地独自乘车，如果天气比较好，我可能会乘船前往，不过还是一个人静静地走完这段路——这段时间里我可以阅读报纸，思考当天的交易计划。我之所以这样做，主要是想要避开那些一见到面就跟我谈股票的人，这些人一见到我就肯定会谈论这些话题。这样一来，就算不情愿，我还是会被迫听到那些内幕消息、八卦新闻和预测，这些东西会悄悄地钻进我的意识和潜意识，最终影响我的判断。如果我一个人去上班的话，我就可以在路上连贯地思考，计划我一天的交易，中间不受到外界的任何打扰。我的朋友伯纳德·巴鲁克对他的经纪人说过：'如果你恰好知道关于我正在交易的股票的消息……那么请千万不要告诉我。'我非常赞同这个观点。"

"我相信一个成功的交易员最重要的品质就是'泰然自若'，在我看来，这指的是心态平稳、不偏激、举止庄重——特别是在股票市场上的时候。一个泰然自若的人能够冷静地控制自己内心的希望和恐惧。另外一项关键的品质是有'耐心'来等待合适机会的出现，这个时候风险要素几乎都站在交易员这一边。泰然自若和耐心是一个成功交易员最好的朋友。"

"最后一项关键品质是'安静'。不要跟别人交流那么多——你自己的成功与失败还是甘苦自知的好——你应当从这两者当中学习。泰然自若、有耐心、安静，交易员应该培养这些品质。股票交易员很难天生就拥有这些可贵的品质。"

"我经常是最早到办公室的人，之后是办公室主任哈利·达奇和保安经理。我总共有六位下单员，他们基本上九点钟才会到办公室，来了之后就走到黑板面前，这是他们的工作岗位。如果有交易的话，他们会在黑板上填写出来。对于具体的成交量数字我会去看真正的盘口。我把最主要的盘口信息放在黑板正中央，挂在一个高高的台子上，所以我只要抬头就能够看到我所拥有的股票或者我感兴趣的股票的动向。我还租赁了电话专线，直接连到我经常交易的那些热门板块交易员那里，比如钢铁、汽车、邮购或者广播板块。我用的是最大最快的行情接收器，并将其放置在我的视平线高度，所以我能够很容易地看到。事实上，我用的是'较高的行情接收器'，所以我在读取盘口信息的时候经常是站着的。保持站姿能够促进我的血液循环，同时能够更好地呼吸。我发现这也有助于在压力很大的操盘期间保持冷静。在整个交易时段我基本上都是站着的。我从来都不喜欢躺着或者弯腰的姿势。我认为在市场里交易是一项艰巨的挑战，必须集中百分之百的注意力，懒人是没办法应付的，所以就连打电话的时候我都是站着的。"

"开盘钟声响起，我就不让员工说话了。交易时段，我要求交易室里面绝对安静。只有很少几个人知道我的电话号码，而且为了避免别人找到我，我还经常更换号码。我尽可能少收信件，在工作日基本上不回信件。我只对股票市场有兴趣，这是我唯一的工作，其他的任何事情我都认为是在干扰我干正事。"

"我不断跌下投资陷阱，然后又不断想办法爬了出来。在此之后，我最喜欢我工作的一点就是做这份工作需要独处——我喜欢个人主义，享受当一匹独狼的感觉，所有的好坏结果都取决于我自己的判断。"

"我没有兴趣把自己的市场交易经验跟其他人分享——不管是好的经验还是教训。我做不到。不管怎样，我的经验跟别人的人生完全不相关，他们又怎么可能在乎呢？后来我逐渐认识到，如果你混得不错，如果你是一个成功人士，那么绝大多数人都会嫉妒你，他们会觊觎你的成功。不过要是你混得不好，他们就会因为你的不幸而得意，跟他们的朋友说你现在终于被股票市场好好地教训了一顿——你最终还是为鲁莽的行为'付出了代价'。所以这么看来，保持沉默是最好的选择。因为就算你向别人通报自己的一举一动，你也没有办法获得任何好处。对我来说，自我满足的最好方式就是'正确地交易'，正确地理解行情，战胜市场。"

"1923 年 10 月 5 日那一天，为了检验一些新的交易技巧和原则，我把自己的办公室从百老汇大街 111 号搬到了纽约上城的第五大道 780 号的贺克舍大厦。我当时选择新办公室的时候颇费了一番心思。我想要远离华尔街的氛围，不想听见别人谈论各种小道消息。同时我也想提高自己交易的隐秘性，这样别人就无从获知我的头寸了。有时候我会通过超过 50 名经纪人下单，以确保交易的隐秘性。"

"在新的办公楼里面，我有一架专属的高速电梯直达我位于大厦顶层的办公室。在电梯停靠的地方，我刻意没有放置任何标识。在办公室里面，我安排了一个小的前厅，算是一个接待室吧。在这里，哈里·埃德加·达奇有一张办公桌。"

"纽约新闻界把哈里称作是'一只极丑的哈巴狗，有迎合主人的天性'。他身高足足六英尺六英寸，体重超过 300 磅，脸上还留有之前作为职业拳击手时所留下的疤痕。他这副尊容让人们忽视了他的高智商。我对他的面试只有半个小时，直接当场雇佣了他。他之前是一位商船海员，曾经多次环球航行。他会说六种语言，甚至包括拉丁文。他还很喜欢看书，在很多领域都知识丰富，同时还是一个极佳的管理者。他把整间办公室管理得井井有条，同时又非常低调。他对我忠心耿耿，对我和我的家庭又保护有加。我的儿子非常喜欢哈里。他那些当年纵横四海的传奇故事，小杰西和保罗爱听得不得了。哈里是这两个孩子私下的导师、司机、玩伴和保镖，特别是在我们全家一起南下棕榈滩的时候。"

"在我办公室的前厅里面是没有窗户的，只有几把椅子和哈里的办公桌。哈里背后是一扇厚实的门，从地板直接到天花板，这扇门通向我的办公室。任何一扇门上都不会有标识或者说明。如果有人要进来访问我，哈里会先通过内部通话系统向我确认预约——不论访客有多大来头。接下来他会从自己的位置上站起来，为这位访客开门。整套流程非常有戏剧效果，访客能够充分意识到想要进入我的交易室有多困难。这确实也起到了一定成效。"

"门背后是一个巨大的开间，房间里有一块绿色的黑板，黑板跟整个房间一样长。黑板面前有一条狭小的走道，上面站着四到六个安静工作的雇员。他们每个人负责黑板的一块区域，需要紧盯若干支特别活跃的股票或者大宗商品。这些品种我要么正在交易，要么正在密切观察。"

"我给这些人支付优厚的薪水，但是他们需要发誓不能泄密。哈里替我盯着他们，确保这些人对我的忠诚。每个人都头戴耳机，耳机直接连接到交易所场内。场内交易员会将最新报价通报给我的下单员，然后下单员负责将股票的最新走向在黑板上立即写下来——卖价、买价以及成交价。他们不是根据行情报价机工作的，那个速度太慢了，最少会延迟15分钟甚至几个小时。因为有了他们，我跟那些使用行情报价机的人相比就有了优势。我希望能够掌握最及时的信息。我从年轻的时候开始就已经认识到新鲜出炉的报价到底有多重要。"

"如果我正在频繁交易某一些股票或者期货的话，我会把行情黑板前的工作人员从4个增加到6个。这些人一天的工作都是在那条走道上完成的，必须绝对保持安静。他们只有午饭时间才会短暂休息一下，不过这个时候哈里会代替他们完成工作，所以我不担心没有人记录报价。"

"这些下单员总是追踪同一个板块中两支以上的股票。如果我现在正在交易通用汽车的话，那么我就会同时追踪福特和克莱斯勒的股票，这样才能更好地观察板块的运动。"

"在办公室中央是一张巨大的闪闪发亮的红木会议桌，旁边是八张舒服的真皮办公椅。偶尔有客人造访交易室，我会面朝行情黑板坐下，这样我就能够一边听客人的谈话，一边密切留意行情报价。我经常中断跟客人的会谈，走回交易室，秘密地下单。"

"我的私人交易室本身很大，装饰了很有分量的橡木和红木镶木板。我曾经在一间英格兰庄园的图书馆里面见过这些镶木板，非常喜欢，于是将其买了下来。之后就把整个图书馆一点点拆下来，运回纽约。"

"我的办公桌很大，是用精心打磨的红木制成。在我的桌子上有一个'入'篮和一个'出'篮，一个便签本，一支铅笔，此外别无他物。靠近红木办公桌的那堵墙直接面对"行情黑板"，是中空的，装着一面结实透亮的平板玻璃，这样我坐在办公桌旁就能够清楚地看到正在发生的市场动态。"

"在我的桌上有三部黑色电话。一部直连伦敦，一部直连巴黎，还有一部直连芝加哥交易所的谷物交易池。我需要一手的新鲜消息，为此我愿出高价。我知道在战场上决定胜负的关键就是信息和情报，那些掌握了最佳信息和情报的将军往往能够获得最终的胜利。而且我不要所谓'战争中的谣言'，我要的只是确凿准确的消息。"

"我的儿子保罗在成长的过程中经常造访我的交易室，特别是在暑假期间。我有时候会同意让他体验一下下单员的工作。我的下单员都是经过训练、有明确的操作流程的。如果一支股票急速下跌，那么他们就会用一种'密码'在黑板上提示出来。这些密码的意思只有这些下单员和我明白。"

有时候，可能会有客人造访，他们会问我："利弗莫尔，黑板上那些奇怪的字母到底是什么东西啊，是某种象形文字吗？"

这个时候我会说："反正我知道他们代表什么意思。"

"你能不能够帮我解释一下？"

这时我会笑着说："还是算了吧。如果我跟你解释了，你不就变得跟我一样聪明了吗？"

"好吧，要不你告诉我应该交易什么品种，以及什么时候买、什么时候卖好了。不用很复杂的。"

"你知道我从来不荐股的，但是我还是很愿意告诉你我对市场的看法，到底是上涨还是下跌。"

"利弗莫尔，市场不是上涨就是下跌啊。"

"当然你是对的，但是奥妙就在于市场什么时候上涨，什么时候下跌。"

"还有按照这个趋势波动的具体品种，别忘了这个，利弗莫尔。千万别忘了具体是哪一支股票。这才是我们所有人都想知道的东西。到底是哪一支股票在波动，什么时候波动。"

"如果一个人能够知道大势的话，他应该也做得很不错了。"

"好吧，利弗莫尔，你说什么就是什么吧。"

"有一天我坐在自己的交易室里面，跟我的儿子保罗交谈。我说：'保罗，你转过身去，看一下那块行情黑板。'保罗转过身，看着那些下单员在狭长的小道上奔忙，就像是精心编排的舞蹈演员。"

"我继续说，你看，儿子，对我来说，黑板上的行情就像是一个杰出指挥家眼里的乐谱，两者都一样清楚明白。上面都是一些符号，在我看来都是有生命的，是一种韵律，一次脉搏，他们成就了美妙的音乐——对我来说这都是有意义的。"

"对我来说，这块黑板就像是通灵的音乐，我们能够以此相互沟通。我是通过多年辛苦的工作和不断地练习才获得了这种沟通的能力，这跟杰出的指挥家获得成功没有什么不同，只有这样他才能够指挥一个伟大的交响乐团。我在看行情黑板的时候会有灵感，但是这灵感却不能拿出来与他人分享。这就像是指挥家在指挥莫扎特的音乐时，应该按照最自然的方式指挥，他的感觉没有什么好讲的。行情黑板和我的下单员就像是在对着我演奏交响乐，一场关于金钱的交响乐——观众只有我一个人，市场的走势信息把我紧紧包围在这旋律中。"

那个下午，保罗认真地跟父亲学习，他相信父亲所说的每个字。对于保罗来说这样的机会也非常难得，因为他的父亲是一个缄默的人，很少流露出自己的情绪，很少表现出自己对孩子的爱。保罗难得跟父亲这样亲近。

利弗莫尔说：

"我觉得我的工作就是不停地观察行情发报机，解读行情，就像一个人去看电影一样，基本上电影的每一帧都不会完全相同。我必须从行情中发现这些独立的信息，以很快的速度在脑海中过一遍。我密切地观察市场，看到市场从 5 美元波动到 20 美元，整波行情可能持续 5 天，也可能持续 20 天。我同样会密切留意这一波 3 美元的上涨，那一波 6 美元的下跌……所有这些因素都会对整个股票市场的波动产生一定程度的影响。"

"我相信股票市场从来都是按照最小阻力线运行的，直到这波行情遭遇到了一股不可逆转的力量；可能这股力量一开始难以察觉，但是之后最终会终止此前的上涨或是下跌。只有在这些关键的节点——我称之为关键价位，你才能真正赚到钱。"

"我将这些节点称为关键价位——当这些关键价位出现的时候，没有受过训练的交易员是很难发现他们的。过了一段时间，等趋势已经产生，这些关键价位就很明显了，不过此时整个市场也已经转向了。高明的股票交易员会认出这些关键价位并采取行动，在市场情绪最浓郁的时刻建立头寸。整个过程常常伴随着旧的热点板块趋于疲软，而新的板块逐渐成为市场的宠儿。"

"高明的股票市场交易员能够控制自己的情绪，着眼于未来，而不是现在，更不是过去。所以那些能够看懂行情的人就像手里有一个预测未来的水晶球一样，能够及时发现哪些板块即将转暖，并在下一波牛市里成为最强势的板块。"

"人们经常认为我是一个'喜欢奇袭的空头'，交易的时候非常冲动。这跟实际情况相去甚远。其实我对于大、中、小行情都相当感兴趣。我对于出现在行情纸带机上的任何种类的任何行情都很感兴趣。对我来说，搞清楚盘口正在传递什么信息是一项挑战。我之前读到，大侦探夏洛克·福尔摩斯总是说，线索其实就摆在你面前，通过冷静严密的推理你就能够发现谜题的答案，发现那些其实就摆在你面前的东西——当然很多人尝试过，不过只有少数人成功——对于顶级的交易员来说，'泰然自若'、'耐心'和'安静'是情绪控制的关键词。"

"当情况看起来极端惨淡、人们非常恐慌的时候，我反而会受到鼓舞——反过来说，当一切都显得非常完美，所有人都兴高采烈的时候，我总会觉得这个时候该做空了。我经常在别人看到这一点之前就付诸行动，这就是为什么我总喜欢安静，不受别人打扰，不去跟别人讨论行情的原因，我是要防止别人影响我的思维。"

"有时候，在市场剧烈上涨或者猛烈下跌的时候，我总会在我认定的关键价位附近积累大量的头寸，然后持有数月，甚至长达一年，直到市场走势证明我的判断正确为止。因为我明白，让一家公司的业务恢复需要时间，股票要重新恢复盈利能力也是一样，所以交易员在建立头寸的时候必须耐心和谨慎，不论是面对一波新的上涨，还是在熊市中做空，都一样。"

"我刚开始在股票市场里交易的时候才刚刚 15 岁，从那个时候开始，交易就是我生命的重心。1907 年大股灾的时候，我非常走运地在崩盘的那一个小时做了空，后来 J. P. 摩根派了一个特使过来，请求我不要继续做空了，我感到受宠若惊，于是就按照他的吩咐去做了。"

"在 1907 年那波下跌中，我在最成功的一天里赚了 300 万美元。在 1921 年的大萧条里我也非常走运，基本上是从前期的最低点开始做多，抓住了整波行情。"

　　"最后，在 1929 年的大萧条时期，我对于汽车股做空太早了，刚开始盘整的时候我就开始做空了——结果我亏了超过 25 万美元，后来我才真正找到了其他龙头股准确的反转关键价位，这些股票稍微盘整就掉头向下。我是真心看空的，所以加大了自己的头寸。在 1929 年的股灾里面，我赚到了有史以来最多的钱。媒体和公众甚至开始把股灾的原因怪在我的头上，但是这当然是一派胡言，没有任何一个人能够控制市场的运行方向。"

　　"但是还是请你记住，我已经交易股票将近 40 年了，获得的经验非常丰富，结果就是我有一种高度发达的市场直觉。但是现在回过头来看，我必须说在所有这些大机会里面，操作的提示信号非常明显，基本上你想象不到这些信号能有多清楚。对我来说成交量是很关键的指标。我就像是一个仔细的学生，密切留意买单是如何被吃掉的，而阻力位又是如何被突破的，日复一日没有中断。我总是对成交量特别感兴趣。有些人认为我根本不关注成交量，之所以如此，是因为他们有时候来我的交易室，结果没有看到关于成交量的提示。其实我是把成交量的数字记在了脑子里，或者我会在一天收盘之后查看成交量，并且吩咐我的办公室主任哈里把最终成交量的数字记在一个大本子里，我会在本子上记录我特别感兴趣的股票的相关数据。"

　　"对我来说，股票投资者就像一大群小鱼，没有明确的领导者，一旦他们感到自己处于危险当中，就会出于恐惧采取迅速而随机的行动。换句话说，在股票市场里面存在着成千上万的参与者，他们在股市中的决策想法基本上取决于两类情绪：希望和恐惧。希望来源于贪婪，而恐惧则源于无知。"

　　"这一认识告诉我，驱动股票市场的关键因素从来不是充满智慧的分析或者推理——不是的，其实关键因素是人的情绪。当一个人认识到这一点，他就离成为一个成功的股票交易员又近了很大一步。要时刻牢记这一点，一个股票交易员就必须不断地看穿表象之后的真正原因，细心分析。因为基本上每个人收到的信息都是一样的，但是有的人赚钱有的人亏，区别就在于解读信息的方式不同。"

　　"我发现，从长期趋势看，一个股票交易员最关键、最重要的工作就是找到价格的转折点，也就是反转关键价位。我同样相信，如果我能够在恐慌或者泡沫中准确地找到市场情绪最佳的买卖点的话，我肯定能够赚大钱，因为一个成功的交易员必须发现并按照趋势的方向交易，趋势也就是指最小阻力线。不论是做多还是做空我都毫无压力，因为对我来说该做多的时候就要做多，该做空的时候就应该做空，这样才符合逻辑。市场总有三分之一的时间是往上的，三分之一的时间是往下的，还有三分之一的时间是在盘整。"

"如果我相信股票已经见顶，准备清空多头头寸，我会很自然地反手做空。有些人对于股票是有感情的，我不会这样想。比方说，如果我做多通用汽车赚了钱，我是不会对通用汽车产生好感的——这支股票只是做了我认为它本来就应该做的事情。如果我可以在通用汽车股票下跌的时候通过卖空赚钱的话，我肯定会毫不犹豫地做空，不会掺杂感情因素；毕竟股票是没有生命的东西，我不会对它产生感情。世界上没有什么好股票也没有什么坏股票，在投机者的眼里，只有那些能够赚到钱的股票。"

"我曾经听过很多同行说：'那支股票对我很友好。'或者什么'那支股票让我亏了不少钱，所以我会尽可能离它远点。'其实股票跟你赚不赚钱根本没有关系。所有的结果都是交易员之前的判断造成的，'找理由'是不可接受的。简单说来，正是因为'交易员'或者说'投机者'有意识地做了某项决定，这才建立了头寸，同样是他有意识地决定什么时候应该离场。这个决定对就是对，错就是错。"

"所有的交易员都应该意识到，自己可能会盲目自大。因为当一支股票朝着与我们判断的相反的方向运行时，我们必须认识到自己'错了'，我们现在必须立刻离场。多数交易员忘记了，我们总会有一些单子是下错了的，这是一个已经被不断证实的事实，成功的关键就在于错了之后及时平仓。"

"很多没有经验的交易员总想找到一波行情中确凿的底部以及顶部，这是他们经常面对的陷阱。你要记住，有些时候交易员必须离场，在场外等待。根据我的经验，想要找到明确的顶部或者底部基本上是不太可能的，但是小心总归是没错的。当你建立了头寸之后，想要平仓，在场外等待市场形成明显的趋势，这不是一件容易的事情，因为手里有持仓你就会自然而然形成偏见，希望行情朝你的方向运行。如果你是多头，那么潜意识里你肯定希望能够上涨；如果你是空头，那么潜意识里你肯定希望它下跌。每个人的心里都存在幻想，要知道心存幻想是人类的本能。这就是为什么我经常清空所有的头寸，手持现金之后再评估市场。我会损失手续费，但是我会把这一点损失当作是为实现投资的整体目标而必须支付的保险费用。我同时非常清楚，所有股票不会同时见顶，但是同一个板块里的股票可能会同时见顶，之后新的板块就会取代它们领头羊的地位。所以我所观察的是龙头板块的整体趋势。"

"我发现牛市最根本的动力还是来自参与其中的钱，有没有充足的钱参与进来？以及参与投资的男男女女对于市场的真实态度和情绪是什么？这些人到底是想要买还是想要卖？我总是尽自己最大可能监控资金的流向。"

"我更加明白，数以百万的投资者不是像我这样看待市场的，他们也不会这样谈论市场……不、不、不，他们在市场里实际操作的时候根本不是按照我的方式操作的，而我只要观察盘口就能够知道这一切。问题出在他们对于新闻的解读上，只要看到盘口的表现你就能够知道这一切。"

"投机就是我的事业，我一辈子的事业，也是我最享受的事情。揭开股市谜题的工作对我总有无穷的吸引力。吸引我的不是钱，而是解谜的过程，至于金钱，则是解谜的回馈。我这辈子曾经几度破产，那是没有解开谜题的惩罚。世界上最大的骗局就是'股市看起来很容易赚钱'，其实想在里面赚钱是世界上最难的事情之一，因为你必须能够预测趋势。而之所以这么难，是因为人的本性拖了后腿，而想要控制或者征服一个人的本性是世界上最难的任务。我曾经不止一次地告诉我的儿子们：我亏钱是因为我违反了自己的交易原则；但是只要严格按照原则办事，我总是赚钱的。"

怎样处理媒体公布的信息

"对于我在报纸上读到的一切，我总是抱有怀疑态度，我也绝对不会仅仅按照字面意思理解，而是寻找作者真正的写作目的，以及可能的自私动机。我才不管发布这条消息的是巍巍大报还是八卦杂志。我知道，市场反映了数以亿计的参与者的思考和态度。但是我还是希望能够从字里行间读出蛛丝马迹，形成自己的判断；这就是为什么我希望在阅读报纸的时候，能够一个人思考。"

"很多时候，人们运用媒体来拉高自己的股票，影响公众的认识，聚拢资金，想要说服大家买进或者抛出。那些股票的大玩家，合伙经营者和内幕人尤其喜欢如此。我一般按照两种方式对于这些报道进行解读。"

"第一种方式，我会考量这些报道是关于哪一支特定股票，哪些交易员会跟这支股票有关，这些报道对交易员会产生怎样的影响，特别是那些最直接的影响。"

"第二种方式，我会去观察这些股票的报价，看看这些消息怎样影响了这些股票的交投氛围，以及对于相关板块的影响。很多时候我对于一条消息的解读是错误的。但是我总是知道，如果消息的发展足够重要，那么消息就一定会影响股票的行情。"

"换句话说，我紧盯盘口，看股票如何受到消息的影响，就像一只雄鹰从高空鸟瞰一样。我不会去听从别人的意见，不管他是专家还是记者。这些人总想去解读新闻的含义，预测未来什么将要发生。"

"就我的经验看来，更好的办法是客观地观察盘口，因为无论大众对于消息的反应如何，盘口都会如实表现出来。盘口表现的事实要比记者专家预测的准确得多。当然只有技艺高超的交易员才能够通过观察盘口来了解背后的含义。所以还是学习怎样观察盘口吧——那里面隐含了一切真相——你需要用心聆听。"

严格止损，同时让利润奔跑

（注：以下的故事和对话是从理查德·斯密特所著的《杰西·利弗莫尔的传奇一生——全世界最伟大的股票交易员》一书中摘录的。这次谈话是在杰西·利弗莫尔、克莱斯勒汽车公司的沃尔特·克莱斯勒、美国果品公司的艾德·凯里、杜邦家族的T·科尔曼·杜邦以及艾德·布拉德利上校之间展开的。谈话的地点是布拉德利上校位于棕榈滩的赌场，这个赌场是美国历史最悠久的非法赌场。）

"我听说过华尔街上关于你的传闻，特别是那一笔小麦交易。利弗莫尔，跟我们说说具体情况吧，让我们在吃午饭的时候轻松一下。"

"这个嘛，我当时觉得市场对于国内小麦的需求估计过低，所以价格一定会上涨。于是我就耐心等待，直到我所称的'关键价位'被突破，于是我就买入了 500 万蒲式耳的小麦，那个时候大概价值 700 万美元。"

"建立头寸之后，我就密切观察市场的走向。当时市场非常疲软。那是一个萧条的市场，不过市场价格没有低于我的成本价。之后，忽然有一个早上，市场开始掉头向上，没过几天，上涨得到了巩固，在我看来又一个关键价格形成了。市场在这个价位附近又盘整了一段时间，忽然间有一天，小麦价格突然急促上涨，同时成交量放大。"

"这是一个好的市场信号，所以我又下单买入了 500 万蒲式耳小麦。这一次的头寸是分笔成交的，成交的价格越来越高。对我来说这是一个好消息，因为这明确地反映出市场上的最小阻力线是向上的。"

"第二次的 500 万蒲式耳的小麦买进来的时候不太容易，我很喜欢这个事实。这个时候，我已经完成之前计划好的 1000 万蒲式耳小麦的头寸，所以我暂时停止进一步的行动，先密切观察市场再说。结果行情走出了一波大牛市，接下来的几个月里面一直不断上涨。"

"当小麦价格达到我的成本价上方 25 美分的时候，我离场变现了。但是这是一个错误。"说到这里，利弗莫尔停顿了一下。现在侍者端上来了龙虾色拉，并帮忙打开了第二瓶香槟。

沃尔特·克莱斯勒说："利弗莫尔，你这笔交易赚了 250 万美元，这怎么可能是一个错误呢？"

"沃尔特，这是因为后来我只能眼睁睁地看着小麦价格在三天里面又继续上涨了 20 美分。"

沃尔特说："这部分我不太理解。"

"我当时的恐惧完全没有道理。当时清空小麦的多头并没有什么好的理由。我当时一味地想落袋为安。"

"但是在我看来，你已经赚了不少钱了，看起来还是不错的一笔交易。利弗莫尔，这个我也不太理解。"艾德·凯里说。

"好吧，让我解释一下。你们肯定记得之前有一个古老的笑话，说的是一个人去赌马，先赌了两场，都赢了。之后将所有赚的钱压在第三场赛马上，又赢了。接下来他不断重复这个动作，每次都赢。到第八场赛马的时候，他将自己赢过来的十万美元都赌在了一匹赛马上，不过这一次他输光了。"

克莱斯勒点点头："我听过这个笑话。"

"等这个家伙从赛马场走出来的时候，他遇到了一个朋友，这个朋友问他：'你今天赌的怎么样？'他回答说：'还不算太糟糕吧，总共输了两美元。'"

所有的人都笑了。克莱斯勒说："这个故事不错，利弗莫尔，但是它跟你刚才说的小麦交易有什么关系呢？"

"很简单，为什么我在那笔交易里，要担心输掉赢来的钱呢？我当时平仓只是出于恐惧。我当时太急于将账面浮盈变现。当时我没有任何其他理由地抛出小麦头寸，唯一的理由就是我担心我可能会输掉账面浮盈。"

杜邦问："恐惧有什么害处呢？"

凯里问："好吧，那么接下来，你是怎么办的，利弗莫尔？"

"等我把这笔交易的利润拿到手，我意识到自己犯了一个大错。我当时没有勇气将自己的头寸坚持到底——本来我应该等到出现卖出信号再动手，一定要等到出现明确的卖出信号才应该平仓的。"

"于是你……"

"于是我再次入场，平均入场价比我第一次的离场价格要高了 25 美分。之后，小麦价格又上涨了 30 美分，这个时候终于出现了危险信号，一个明确的危险信号。于是我在 2.06 美元/蒲式耳的高点附近平仓。一个礼拜之后，小麦价格就下跌到了 1.77 美元/蒲式耳。"

"这么说来，你比我有勇气，利弗莫尔，不过看起来更像是贪婪。"

"你之所以这样想，是因为你的生意就是卖水果，艾德。你判断水果市场的方式跟我判断股票和期货市场的方式其实没有什么太多不同。当时当刻，在我第一次卖出的时候小麦期货市场并没有出现疲软的信号。"

"而第二次我卖出小麦的时候情况就完全不同了。我能够清楚地看到市场走弱的信号。我有根据、有证明、有明确的行情已经到顶的市场信号。盘口总是会给精明的投机者足够的时间，提醒他们现在要小心了。"

克莱斯勒补充说："好吧，利弗莫尔，我挺喜欢你这个故事的，但是有时候我觉得你其实就是运气比较好而已，就像坐在你旁边的艾德·布拉德利一样。"

"这么说吧，沃尔特，好运气不会伤害任何人。"利弗莫尔顿了顿，环顾了在座的各位。"我认为每个人都有自己运气好的时候。"

所有人都笑了出来。

意志力

利弗莫尔跟他的朋友、赌徒艾德·布拉德利上校之间达成了一个共识——除了入场时机和资金管理之外，情绪控制也相当重要……之所以这样说，是因为知道应该怎样做是一回事，而有没有意志力真正做到又是另外一回事。在股票市场里面这个观点特别适用。其实这也适用于人生。没有人比利弗莫尔更清楚这一点。他对自己的孩子这样说：

"我认为遵守自己的交易原则需要自控能力，这是非常关键的。如果没有明确、清晰且久经考验的交易原则，投机者是不会有真正成功的可能性的。究其原因，是因为没有计划的投机者就像是一个没有战略的将军，他就更谈不上什么可供操作的作战计划了。没有清晰的交易计划的投机者只能不停地疲于奔命、疲于奔命、最终只好默然忍受莎士比亚笔下股票市场'暴虐的毒箭'，直到最终被市场完全击败。"

"我最后得出结论，参与市场其实从某种意义上说是一种艺术，而不完全是纯粹的推理。如果投机是纯粹推理的话，那么肯定有人很早之前就琢磨出来规律了。这就是为什么我认为每个投机者都必须分析自己的情绪，看看自己最多能够承受多大程度的压力。每个投机者都是不同的，每个人的精神都是独特的，每个人都有属于自己的个性。你应该在投机之前就知道你自己的情绪弱点，每一个向我咨询怎样做一个成功交易员的人，我都会给他们这样的建议。如果你晚上睡不着觉，原因是你的股票仓位太重，那么你就应该知道这超过了你的心理承受能力了。这样一来你还是卖掉一些股票吧，把仓位降低到晚上能够睡着的程度。"

"从另一个角度来说，如果一个人足够聪明、勤勤恳恳、愿意花费足够的时间，那么他就能够在华尔街获得成功。只要他能够意识到在市场投机跟其他生意没有什么本质不同的话，他们就有机会把投机生意做起来。"

"我相信在股市的所有重要行情背后，都有人无法抗拒的力量在起作用。这就是成功交易员所需要了解的全部知识了。你要留心股票的具体波动，并根据这一认识来进行操作。想要把世界上发生的大事、时事以及重要经济事件跟股市的波动对应起来，是一件非常困难的事情。这是因为股市的波动往往先于具体的国际大事。股市不是根据现状波动的，也并没有反映当下的情况；行情的依据是未来的人和事。市场的波动经常跟表面上的常识和世界大事相反，就好像行情有自己的主见似的。在绝大多数时间里这愚弄了绝大多数人。直到最后，这种看上去比较反常的波动的原因才会逐渐显露。"

"所以，想要根据现有的经济新闻和时事来预测市场的走向是非常愚蠢的行为，不管你看的是采购经理人报告、资产负债表、消费者价格指数还是失业数据，甚至是战争的谣传，因为这些因素早就已经作用于市场了。我这么说不是想要忽略这些事实，也不是说我对这些东西一无所知，我不是那种人。我对于世界大事了然于胸，政治事件和经济事件我也都非常熟悉。但是我是没有办法用这些事件来'预测'市场的。当行情发生之后，自然有很多金融专家跳出来，'事后诸葛亮'式地分析行情如何如何不出他们所料。之后，等一切尘埃落定，历史学家自然会把目光聚焦在那些真正的经济、政治和世界大事上，他们把市场之所以这样波动的原因归因于此。不过这个时候，想从行情里面挣钱已经太迟了。"

"想要搞清楚为什么市场会这样波动经常会导致精神错乱。事实是，市场波动要么先于经济新闻，要么就根本不理会经济新闻。市场的依据是未来。举例来说，一家公司公布了良好的收入报告，但是股票还是持续下跌。原因是什么？因为市场已经充分消化了这个利好消息了。"

"如果对于经济新闻关注过深，其中一个害处就是会在你的脑海里种下某种'投资建议'，这一种建议是存在于潜意识里的。在股市中搏杀，这种潜意识对于你的心理健康来说非常危险，但是你必须在现实中将其克服。这种'投资建议'看上去非常严密有逻辑，但这并不意味着它们就是对的，或者市场一定会受这种观点的影响。"

"我从来都搞不懂为什么人们会觉得在股市里赚钱很容易。我们每个人都有自己从事的行业。我从来都不会让我的朋友——联合果品公司的老板艾德·凯里，告诉我经营水果生意的秘诀，也不会叫沃尔特·克莱斯勒告诉我经营汽车生意的诀窍。我从来不会这样想。所以，我很难理解为什么经常有人问我：'我怎样才能够从股市里面赚快钱？'"

"于是我微笑着对自己说——我怎么可能知道他怎么才能从市场里面挣快钱？所以我总是逃避这种问题。这就好像是在问我，'我能不能通过帮别人做脑部手术挣快钱？或者说我能不能够帮一个杀人嫌凶辩护挣快钱？'从经验上看，我认为就连回答这种问题都会影响我的情绪，因为这个时候你必须站在一个坚定的立场上为自己的观点辩护，但是你的想法可能明天就变了，如果市场情况发生变化的话。"

"但是我也充分理解，我肯定不是世界上唯一一个认为股市是世界上最大金矿的人，而这金矿就在曼哈顿岛。这座金矿每天都开门迎客，欢迎各界的一切朋友进来挖掘，如果他们有能力的话，可以满载金条而归，其实我早就这么干了。金矿是在这里没错，我也相信确实有人挖得足够深，当一天结束，铃声响起，他们一下子从贫儿变身王子，或者从王子变身为至高无上的统治者……或者反过来，变得一文不名。而金矿永远在那里，似乎在等待着什么。"

"我相信一些人的基本情绪是不受控制的，它们是投机者真实且致命的死敌，人的希望、恐惧和贪婪如影随形，躲在人的心灵的角落，在暗处等待时机，机会一到就跳出来兴风作浪。"

"这就是为什么我从来不使用'牛市'或者'熊市'这样的字眼的原因之一。我的字典里面没有这两个词，因为我相信这种词会在投机者的脑海里形成一种情绪上的思维定式，认为市场出现了一个特定的方向。牛市或者熊市这种词让交易员产生了固化的思维方式。很有可能交易员就会盲目地遵从这种方向或者趋势，时间过长，甚至情况改变了还不自知。"

"我发现那些清晰的趋势不会持续很长的时间。当别人向我要内幕消息的时候，我经常说现在市场正处于'上升通道'或者'下降通道'或者

'盘整区间'——或者我会告诉他们'最小阻力线'现在正在朝上或者朝下，具体情况具体分析……当然我只是点到这里为止。"

"这么说能够让我有足够的灵活性来根据市场动向改变我的想法。我一直努力不去'预测'或者'预判'市场。我只是想根据市场行情的具体表现来进行'操作'。"

"我坚信市场上总会出现提示你下一步应该怎样走的线索。这些线索隐藏在市场波动当中——市场具体的波动、当时当下的波动——而不是人们预计下一步会怎么波动。从某种角度来说，你必须像一个侦探似的，用你手头的信息去解开迷题。但是，好的侦探一定会验证信息是否可靠，通过证据确认信息的可信度，所以你也应该这样。这要求你进行不受情绪干扰的客观分析。"

"只有少数投机者能够做到心情不受股票具体方向的影响，而我就是其中之一。我只跟随'最小阻力线'的方向。对我来说这就是'随行就市'，股票具体朝哪个方向走并不重要。事实上，人们称我为'华尔街的伟大空头'的原因之一就是，虽然有很多人觉得市场可能下跌，但是极少有人有勇气做空，敢于做这波崩盘的行情。"

"当股票突然迅速下滑的时候，背后的因素是人的恐惧。当股票上涨的时候，背后的因素是人的希望。当人们希望股票上涨的时候，他们就不会那么快卖出。当他们担忧股票将要下跌的时候，他们经常会快速卖掉股票。这就是为什么下跌的时候更快更突然。所以，如果你准备做空，那么一定要对于更快更猛烈的行情模式和市场状态及时作出反应。"

"市场上没有什么好的交易方向，其实无所谓多头、空头，市场上只有'赚钱'的交易方向。我发现人类的本性是乐观和积极的，做空违背了这种本性。我相信不到4%的投机者曾经尝试过在股市上做空。做空潜在的风险是没有上限的，因此做空'极端危险'，这么说其实没有错。所以说想要做空需要极强的情绪控制能力。"

"但是股票市场只有三分之一的时间是在上涨，三分之一的时间是在盘整，还有三分之一的时间是在下跌。如果你只操作牛市，那么有三分之二的时间你根本没法操作，也就没有办法赚钱。不管怎样，我本身不是一个喜欢等待、期望以及单纯好奇的人。我想要在市场里交易，我想要赢的比输得多。"

"我非常清楚，虽然参与股市投机的人有数百万之巨，但是很少有人把所有的时间都用来研究投机这门艺术。但是在我看来投机就是一门全职工作，甚至比全职工作的要求还要高，这是一份事业——有很多人从事但是只有极少数人能够获得成功。"

要小心股票的小道消息

"到现在为止，投机者在情绪上最难控制的还是处理小道消息。我之所以要将工作室搬到曼哈顿上城的第五大道，就是为了避开所有想要告诉我'确凿无疑信息'和'内幕信息'的各色人等。他们可能真的是想帮我。但还是请小心所有的'内幕信息'和'小道消息'吧！"

"你能够从各种途径获得小道消息。很久以前，有一次一家大型美国企业的董事长告诉了我一条小道消息。当时我在位于纽约的家里举办晚宴，这个董事长走过来跟我说话。我问他：'您最近怎么样啊？'他说：'非常好，最近我们公司经营完全扭转过来了。前段时间比较艰难，好在我们走出来了，现在看起来就要乘风破浪了。事实上，我们的季度盈利下个礼拜就要公布出来了，表现非常好，你看了就知道了。'"

"我很喜欢这个人，对于他说的话我也很相信。所以隔天早上我就买进了1000股，算是试单。果然如这位首席执行官所言，季度盈利棒极了。股票果然上涨了，而且接下来三个季度的季度盈利都在持续上升，所以股价也随之走高。我放松了警惕，产生了某种安全感，毕竟股价不是一直在上涨嘛。但是忽然间上涨中止了，股价开始掉头向下，势头好猛，就像瀑布。"

"我连忙打电话给这个董事长，问他：'对于你们公司股票的下跌我很担心。到底出了什么事？'他回答说：'利弗莫尔，我知道股票正在下跌，但是我们认为这不过是一次正常的回调——毕竟之前我们的股票涨得那么好，都已经涨了一年了。'我于是追问：'你们最近生意怎么样？''怎么说呢，我们的销售额稍有下降，而且我估计这个消息已经泄露出来了。现在好像'空头'想要利用这个消息狠狠地打击我们的股票。所以说，我们觉得，最近基本上都是有人在做空，有人大量抛空。但是在下一波上涨的时候我们要把他们赶出去，弄死他们，怎么样，利弗莫尔?' 我接着问：'你们自己有没有出货?' '当然没有！你说，不把钱放在自己公司里，还有哪里更加安全?' "

"好吧，言之凿凿的。后来我才知道，这些内幕人士在股票仍然上涨的时候就已经出售了自己手头的股票。他们发觉自己的公司开始要走下坡路的第一时间就开始这么干了。"

"我从来不会为此轻易生气的。这次亏钱主要是因为我自己愚蠢、我贪婪。我知道基本上所有的主要高管都是他们公司的啦啦队长，他们必须时刻保持乐观，必须时时刻刻提供正面的消息。他们不可能告诉股东或者竞争对手现在的情况没有看上去那么'美妙'。每次听到他们的谎言我都好想笑。这些虚假陈述和谎言其实是某种程度上的'自我保护'，是首席执行官的一项关键工作——其实在任何层级的权力机构都是如此，比方说在政界上也是这样的。"

"但是我更关心的是我自己的'自我保护'，我才不管我投资的那些公司的高管和股东是怎么想的。所以每过一段时间，或者每当出现较大亏损之后，我再也不会问内幕人士他们的生意现在到底怎么样了。"

"为什么要浪费自己的时间去听一些半真半假、似是而非的说辞呢？去看这些不准确的预测或者厚脸皮的谎言，我还不如直接观察股票的走向。所有的真相都在股票走势中表现得明明白白。真相就在盘口里，每个人都可以看个真切。"

"我曾经向那些对于股票市场有兴趣的人建议，请他们随身携带一个小本子，把那些有趣的市场信息记下来，可能哪一天他们就能够建立起自己的市场交易策略。我总是建议，在这个小小记事本上记下来的第一件事情就是：要留心内幕信息……任何形式的内幕信息！"

"要想在投机中获得成功，只有一个途径——那就是下苦功，持之以恒地下苦功。如果有容易的钱好挣，是不会有人把这个机会留给我的——我自己清楚地认识到了这一点。每当我战胜了市场，解开了心中的谜团，我心中都油然而生一种满足感。赚到的钱是一种回报，但是这并不是我热爱市场的主要原因。股票市场是有史以来最伟大、最复杂的创造，一旦成功，获得的回报也最大。"

"但是你必须自始至终牢记：你能够赢得一场赛马，但是你不可能场场赛马都赢。你可能在一支股票上获利，但是不可能时时刻刻都战胜华尔街——没有人能够做到这一点。"

"所有人都在谈论我的市场直觉，特别是在联合太平洋铁路公司一役以及旧金山地震之后。但是我从来不认为我的直觉有什么特殊之处。可以说，一个久经考验的投机者的直觉跟像我父亲那样的农夫的直觉相比，其实也别无二致。事实上，我认为农夫是世界上最大的赌徒。他们年复一年种植庄稼，他们其实在赌小麦、玉米、棉花或者大豆的价格，他们在赌自己有没有选对庄稼，在赌今年能否风调雨顺，在赌会不会出现病虫害——这些都是庄稼难以预测的影响因素——可以说没有比这投机性更强的事情了。同样的原则适用于所有的生意。所以，在经过 20 年、30 年或者 40 年种植小麦玉米、饲养牲口或者制造汽车、自行车之后，一个人自然而然地获得了一种第六感，这就是他的直觉，是建立在广泛经验之上的对于自己所从事行业的灵感。因此，我认为我跟其他人并没有什么不同。"

"我跟绝大多数投机者不同的唯一之处，就是一旦我认为自己完全正确、绝对肯定正确的时候——这个时候我就会火力全开，抓住机会。在 1929 年股市大崩盘的时候，我拥有一百万股的空头头寸，也就是说，每下跌一美元对我来说就意味着一百万美元的利润。在这场投机游戏中，如何解开谜题、战胜市场，这个问题难倒了有史以来最伟大的头脑。对我来说，所有的激情、挑战和愉悦都来源于战胜市场。对于在华尔街参与投机的所有男人和女人们来说，市场是一个充满活力和变数的谜语，是难解之谜。"

"可能这就像是战士对于战斗的感觉。当你所有的感官都被推向极限，风险超高的时候，你能体会到一种精神上的高潮，这是最关键的。"

"我跟我的儿子们说，你应该从事你自己最擅长的行当，而我最擅长的就是投机。这么多年里，我用从华尔街赚走的'几百万'美元，投资在佛罗里达的房地产、飞机公司、油井和各种新的、基于新发明的'革命性'

产品里面。但是这都变成了凄惨的失败，简直是灾难。我投资在上面的钱最后一分钱都没剩。"

"你们要记住，如果没有严格的纪律、清晰的交易策略、明确的交易计划，那么投机者将会陷入市场中处处都有的情绪陷阱，有可能从一支股票转到另一支股票上，亏损的头寸拿得过久，或者太快抛出赚钱的股票，仅仅因为害怕失去到手的账面浮盈。贪婪、恐惧、急躁、无知和希望，所有这些情绪都会在投机者脑海中天天交战，争夺主导权。但是在几次投资失败和灾难之后，这个投机者可能变得心灰意冷、压抑、沮丧，准备离开市场，哪怕眼前市场即将出现赚大钱的良机。"

"一定要形成自己的交易策略、交易纪律和具体的交易计划。作为一个曾经走过这条崎岖投资路的先行者，我愿意给你提供一些建议。也许我可以作为你的向导，帮助你避开我之前曾经陷入的陷阱。"

"但是不管怎样，最后拍板的人还是你自己。"

第十一章

利弗莫尔操盘术实战指导[①]

利弗莫尔法则——揭示交易的秘密

　　知行合一。

——苏格拉底

　　一个成功的投机者必须时刻学习以下三点。

　　入场时机——什么时候出入场，就像是利弗莫尔的密友、棕榈滩赌场老板艾德·布拉德利经常说的："什么时候持有，什么时候收手。"

　　资金管理——千万不要随意亏钱，不要亏掉你的筹码、你的仓位。一个没有了现金的投机者就像是一个没有了存货的杂货店主。如果没有了现金，那你就出局了。所以千万不要亏掉你的本钱！

　　情绪控制——在进行一笔成功的交易之前，你必须先制订一份清晰详细的交易计划并且严格执行。在真正开始投机之前，每个投机者都必须制订一份充满智慧的作战计划，根据自己的性格特征作出修改。投机者最需要控制的就是自己的情绪。要记住，推动股票市场的不是推理、逻辑或者纯粹的经济学。真正的推动力量是人性，而人性从未改变。这是我们与生俱来的本性，是不会改变的。

　　"除非你拿出真金白银进行投资，否则你是不会知道自己的判断是否正确的。"

　　利弗莫尔曾经说："如果你不把自己的钱拿出来放在赌桌上，你就没有

---

① 本章内容主要根据利弗莫尔的原话整理而成。

办法测试自己的判断是否正确，因为你没有真正测试你自己的情绪。我相信控制股票市场走势的是人的情绪，而不是什么推理。生活中任何重要的事情都是这样的：爱情、婚姻、教育子女、战争、犯罪……只有很少的时候驱动人们的力量是理智。"

"当然，我不是说销售额、利润、世界局势、政治和科技这些要素对于股价不起作用。这些因素最终都会起到一定作用，而整个股市以及个股表现也都会反映出这些因素的影响，但是力量最大、最极端的因素还是人的情绪。"

"我相信什么事情都有周期，生命有周期，市场也有周期。这些周期常常是走极端的，很少有机会达到平衡。周期就像是大海上的波涛，情况好的时候浪头就比较高，当狂欢结束时，低潮就会浮现。这些周期总是出人意料地来来去去，无从预测，想要经受周期的挑战，你就必须节制，泰然自若，时刻保有耐心——不管情况好坏都得如此。但是你要记住，技巧高超的投机者知道，无论市场情况好坏其实都是能够赚到钱的，只要像我一样，做多做空都没有任何心理负担。"

市场原则

"很久之前我就意识到了，股市的波动趋势不会那么显而易见。股市就是想要在绝大多数时候愚弄绝大多数人。我的交易原则建立在逆向思维的基础上，跟人的本性是相反的。"

· 及时止损；

· 在满仓之前一定要确认自己的判断正确；

· 如果现在没有什么充足的平仓理由的话，那么就让利润奔跑；

· 只做龙头股，不过市场发生变化，龙头股也会不断变更；

· 不要同时关注过多的股票，以保证充分的关注度；

· 出现新高可能是有效突破的信号；

· 在大幅回调之后，贱价股看上去像是特价商品，不过他们经常会继续下跌，或者没有什么上涨的希望。所以离他们远远的吧！

· 运用关键价位来找出趋势的变化以及确认趋势仍旧持续；

· 不要跟盘口作对！

"研究股市其实就是在研究周期，如果趋势发生变化，那么动能不降低，新的趋势就会一直延续——处于运动中的物体会一直保持运动的。记住，千万不要逆市操作，不要跟行情对抗！"

"在市场作用下，价格是会一直波动的。价格是不会一直上涨的，当然也不会一直下跌。对于警惕性高的投机者来说这是一个好消息，因为这让他多空两头的钱都有得赚！"

把握市场时机的原则

原则一，通过"等待时机"——而不是冥思苦想的方式，我们才能真正从股市上赚到钱。不等到所有的风险因素都站在你这边就先别交易——你应该遵循从宏观到微观的交易原则。当你已经建立好头寸，接下来的难题就是保持耐心、等待平仓时机的出现。赶快获利平仓的诱惑是很大的，有时候你也可能出于失去账面盈利的恐惧而回补头寸。这种错误已经让上百万的投机者亏损上百万美元了。在入场的时候你要有好的理由，同样，在离场的时候你也要有好的理由。想要赚大钱，只能在大的波动里耐心等待。

原则二，只在所有的风险因素都站在你这边的时候才进行交易。没有人能够时时刻刻都参与市场且时时刻刻都盈利。有些时候，你就是应该完全离场。

原则三，如果一个人犯了错误，那么现在他应该做的唯一的事情就是改正错误，不要一错再错了。赶快止损吧，不要犹豫。千万不要浪费时间，当股票跌破你的心理止损位时，就立即平仓吧。

原则四，股票的表现经常像是人一样，会有不同的个性：有的咄咄逼人，有的保守，有的非常容易紧张，有的直接，有的讲逻辑，有的循规蹈矩，有的让人捉摸不定。研究股票就像是在研究人，研究一段时间之后，你会发现他们在特定场合下的表现是可以预知的，这很有用，你可以用来把握股票波动的时机。

原则五，买股票从来不要嫌价格太高，卖空也从来不要嫌价格太低，关键是要合适。

原则六，如果你面前出现了一个清空一大笔流动性差的头寸的机会，但是你没有把握住，那么这将是一个非常昂贵的错误。

原则七，如果你运气很好，在股市里面遇到了一个非常好的赚钱机会，但是却没有把握住，那么这也是一个错误。

原则八，如果市场在一个狭窄的区间震荡，股票基本上没有什么波动，那么此时预判市场将于何时朝哪个方向运动是一件非常危险的事情。你必须等待，等待市场突破盘整区间，不管突破的方向是向上还是向下。总之千万不要去预判！你应该等待市场给出确认的信号！千万不要跟行情对抗，应该遵循最小阻力线，交易要有依据。

原则九，千万不要花太多时间去寻找推动某支股票价格波动的真正原因。相反，你应该密切留意盘口。答案总是隐藏在盘口给出的信息里面，所以还是不要徒劳无功地寻求'为什么'了。股票市场里，每一波大行情背后都会有某种无法抵抗的强大力量，日后这些原因总有浮出水面的那一天。所有成功的交易员都应该认识到这一点。

原则十，股票可能上涨，可能下跌，也可能盘整。不论上涨还是下跌，你都能够赚到钱——你可以买入，也可以做空。至于你的单子是朝哪个方向的，对你来说没有任何影响。你不能带着个人感情来做交易。当市场开始盘整，而你理不出个头绪的时候，就放个假休息一下吧。

原则十一，你要留意一种危险信号："一日反转"，这个交易日的高点要高于前日的高点，但是收盘价又低于前日的收盘价，同时当日成交量大于前日。这个时候你就要小心了！

原则十二，如果股票的走向跟你的预期相反，那么赶快出手卖出吧！这个事实说明你的判断是错误的，赶快止损才是上策。

原则十三，等待，耐心地等待吧，直到所有的风险要素都对你有利，这个时候再进行交易——只有耐心才能够赚到钱。

原则十四，你应该仔细研究那些价格突然下挫的股票，这些股票此时走出了一根陡峭的阴线。如果股票没有迅速反弹的话，那么很有可能它将会跌得更多——因为这说明股票本身出现了很大的内部问题，不过具体原因之后人们才看得到。

原则十五，股票的波动依据是未来。股价已经充分地考虑到了现在的种种因素。

原则十六，真正的买点或者卖点的信号是突破关键价位，这个时候趋势刚刚逆转，一波新的行情即将发动。只有抓住这种行情的改变，你才能够赚最多的钱。

原则十七，市场上有两种关键价位。一种是反转关键价位，它的定义是"一波大的市场行情的起点，趋势由此发生转变，此时市场情绪绝佳"。你不用考虑它是不是发生在一波长期趋势的底部或者顶点。

而第二种关键价位是"延续关键价位"。刚才说到的"反转关键价位"意味着行情的方向确实改变了，而"延续关键价位"则确认了之前的行情将延续下去——之前的盘整是为了下一波的大幅上涨。

但是你还是要小心，关键价位往往伴随着成交量大幅放大。

关键价位是一种特别好用的判断入场时机的工具，它能够揭示何时应该入场，以及何时应该离场。

原则十八，在一波牛市的尾部，你要观察股票的市值究竟有多疯狂，好的股票的市盈率可能达到30、40、50甚至60倍。正常情况下，这些股票的市盈率一般只有8～12倍。

原则十九，有时候一支股票上涨根本就没有什么好的理由，纯粹是因为外界投机，很多人都在跟风，以为这是市场的宠儿。

原则二十，"创新高"是非常重要的时机点。一个新高意味着股票已经突破了高悬在头上的卖压，之后最小阻力线将强势向上。多数人看到股票出现新高的第一反应就是立刻平仓，之后再去投资别的更便宜的股票。这是错的。

从宏观到微观进行交易的原则——关注市场大趋势

原则一，在进行交易之前，投机者必须了解现在的整个大势——也就是市场的最小阻力线。他必须搞清楚，现在这条最小阻力线是向上的还是向下的，且这一原则适用于个股和整个大势。在交易之前你所要明白的最基本的事情就是整个大势何去何从，是向上、向下还是震荡。在最终决定交易之前你必须要搞清楚这一点。如果现在整个大势对你不利，那么你现在做交易就是非常吃亏的——要记住，你应该跟随趋势，随风而行，千万不要逆市操作，而最重要的一点是——千万不要跟市场争执！

原则二，板块的运动是把握时机的关键——当股票波动的时候，他们是绝对不会单独行动的。如果美国钢铁要上涨的话，那么要不了多久，伯利恒钢铁、共和钢铁和坩埚钢铁肯定会紧紧跟随。这一原理是非常简单的，如果美国钢铁的基本面非常好，所以才成为市场新的宠儿的话，那么钢铁板块里面的其他类股肯定也会因为同样的利好而上涨的。

原则三，只交易强势板块中的强势股票。在任何工业板块中，只买最强势的龙头股。

原则四，仔细观察市场里面的龙头股，那些在牛市中引领大盘上涨的股票。当这些股票开始蹒跚起来，不再屡创新高的时候，这往往就是市场即将转向的信号。而随着领头羊转向，整个大势也即将转向。

原则五，在研究市场动向的时候，只去关注当天的热点，那些领头羊。如果你不能够从当日的热点中赚到钱的话，那么想要从股市中赚钱就相当困难了。热点集中了当日的主要波动，这正是赚钱的地方。这种方法同时控制了你的关注范围，能够帮助你将注意力集中，你也能够更好地控制自己的精力。

原则六，在你买股票之前，你必须提前清晰地想好，如果股票走势跟你对着干，那么什么时候你必须清仓，也就是设定一个明确的止损点。更关键的是，你必须遵守事先制定的规则！

原则七，市场里成功的交易员只应该参与那些胜率最高的投机机会。一开始先用小头寸试单，看看你的判断是否正确，之后再不断加码。千万不要一次性建仓——用试单来确认判断和时机，同时找出最小阻力线。试单的方法同样也是"资金管理"的重要组成部分。

原则八，如果出现"出人意料"的情况，交易员必须立刻作出反应。这种情况你是根本无法预测的。如果你前面出现一个送钱的机会，那就抓住吧。如果出现一个坏消息，那就赶紧跑，千万不要回头看，也不要犹豫——赶快清空自己的头寸。

原则九，在长时间的上涨之后，如果出现成交量放大，甚至出现大笔对敲（同一投资人用不同账户同时大笔买入和卖出的行为）的时候，此时一定要小心。这算是一个蛛丝马迹，是上涨趋势即将见顶的红色警报。同时，这也可能反映了股票正在从庄家手里砸给散户，从专业投机客那里转移到一般社会大众手里，从不断吸筹的阶段转向不断出货的阶段。一般公众往往认为这种放量是交投活跃的标志，是一个健康的市场正在经历正常的回调，他们天真地认为市场的顶点或者底部尚未到来。

资金管理的原则

原则一，设定止损点！投机者应该明确，一旦行情开始逆转，究竟什么时候要卖出。在建仓时，这非常重要。你可以在股票波动的过程中采用跟踪止损，虽然说我用的都是心理止损。关键是你要严格按照自己的交易规则行事！在一笔交易中，千万不要亏掉 10% 以上的本金。想把亏掉的钱赚回来差不多要难上两倍。我是从对赌行里面学会这一点的。当时我就是采用 10% 的保证金原则。如果亏损超过 10% 的限额，那么对赌行就会强行平仓。所以说 10% 的止损规则是一项重要的资金管理规则。我一再强调，这是一个关键的"把握市场时机"的规则。

千万不要亏掉 10% 以上的本金！

如果你亏掉了 50%，你需要赚回 100% 才算回本。

原则二，千万不要追加保证金，更不要逆市加仓。

原则三，每隔一段时间就把账面盈利变现。把你的盈利中的一定比例从市场里提出来，放在一个安全的地方，比方说存起来，或者买债券，或者购买年金。现金为王，过去是、将来也会是这样。你总要储备一些现金。我最大的错误就是没有一直遵循这项投资原则。

原则四，你必须仔细检查并且理解时间的含义。

"时间并不是金钱，很多时候你就应该把钱从市场里拿出来，放在一边——时间是时间，钱是钱——这个时候你没有把钱挥霍掉，等将来时机成熟你就可以再拿来投资，也许会大赚一笔。所以你要有耐心，耐心才是成功的关键。千万不要凡事匆匆忙忙的。"

原则五，千万不要急。那些成功的投资者不会时时刻刻都在市场里面投资的——很多时候你都应该完全持有现金。如果你不确定市场的走势，那么就待在场外吧，等下一波行情确认之后再行动。

原则六，在满仓之前要试单。在初期试单之后，如果没有盈利的话就不要尝试加仓了。千万不要一下子就满仓入场，而是要等你的试单，你最初的头寸出现盈利，这个时候再满仓出手不迟。

具体来说：第一次买入你先建立整个头寸的 20%，第二次再买 20%，第三次再买 20%。

等待市场出现确认信号，证明你的判断正确无误——这个时候再买入你剩下的 40% 的头寸。

你要把每一笔试单都当作是建立完全头寸的重要一步。一旦股票在任何时候跟你唱反调，就赶快将所有头寸平仓，千万不要让自己的损失超过投资本金的 10%。

原则七，将亏损的股票卖掉。如果所有的风险因素都对你有利，就让赚钱的股票奔跑。

关键的资金管理原则总结

·保护自己的本金——充分利用试单操作买入；

·严格遵守 10% 止损的对赌行规则；

·随时留有现金储备；

·要敢于持有盈利的股票——让利润奔跑，当然也要严格止损；

·如果赢了钱，就取出其中的 50% 放到一边。

情绪控制的原则

原则一，情绪控制是在市场中生存最关键的因素。

原则二，千万不要预判！等待，直到市场给你信号，让你看到蛛丝马迹，给你暗示，这个时候你再行动不迟。当你的想法得到确认之后再行动吧！预判是成功的克星，是贪婪与不切实际地希望的兄弟。千万不要把决定建立在预判之上。市场总会给你时间去交易的。如果你等待信号出现再行动，你还是会有很多时间去采取行动。

原则三，所有的股票都跟人是一样的，他们都有自己的个性：有的咄咄逼人，有的保守，有的特别敏感，有的直接，有的迟钝，有的古板，有的超前，有的讲逻辑，有的完全不讲逻辑。研究股票就像研究人一样，一段时间之后你就会发现在特定的情况下，这些股票的反应是可以估计出来的。一些交易员只在一支股票的特定价格范围之内交易。

原则四，千万不要花太多时间去努力找出一支股票价格波动的具体原因。相反，你需要看清楚价格是怎么波动的。其中的关键是行情是怎么波动的，而不是行情为什么这样波动。最关键的是——千万不要跟市场争执。

原则五，一个股票交易员经常会因为听了别的交易员的意见，而改变自己之前的看法，被别人说服了，觉得自己的判断是错误的。就算没有那么严重，听别人的意见也经常会导致交易员犹豫不决，判断错误。这种犹豫很可能会导致信心的丧失，这也意味着将来可能会亏钱。

原则六，小道消息有各种各样的来源——可能来自某个亲戚、你的爱人，或者是一个深度参与了某项投资的朋友，这个朋友希望有钱你也一起赚。不过小道消息也可能来自不法推销员或者罪犯。你要记住：

所有小道消息都是非常危险的——所以最好不要去打听小道消息！

原则七，把"希望"从你的交易词典中移除吧。希望股票按照自己的意愿运行其实是一种赌博。如果你没有充分的理由去坚定持有某一支股票，那么还是不要在这棵树上吊死，去交易你更加理解的股票吧。主观地希望一支股票上涨或是下跌，这就是股市里面许多投机者衰败的原因。希望是与贪婪如影随形的。

原则八，必须时刻留心你的情绪——千万不要因为赚了钱就洋洋自得，或者因为亏了钱就非常沮丧。你必须要达到那种"泰然自若"的状态，能够撑控自己的行动。

原则九，市场的根本规则从来不会改变——唯一改变的就是市场参与者，新的参与者对于之前大的金融兴衰周期基本上一无所知，比方说1907年的大崩盘，或者是1929年的股灾，因为他们根本就没有那段经历。对于这些投机者来说，那种经历是全新的——不过市场早就见怪不怪了。

原则十，你必须时刻准备好一套投机方法，就像是一个攻击计划。同时，你必须严格按照计划行事。千万不要经常变更自己的计划。找到一个从情绪上和思维方式上跟你吻合的交易模式，并且坚持按照这种模式去交易——也就是说，根据适合你自己的方法交易。

原则十一，投机者不等同于"投资者"。投机者的目标不是去确保自己的资金在相当长的一段时间里面能够获得稳定的收益。投机者盈利的方式就是从股票价格的涨跌中投机获利。

原则十二，准备好孤军作战。拿自己的钱投资，就要自己做决定。你交易的时候要保密，不要到处跟别人说。不要公开你赚的钱或者亏的钱。

原则十三，成功的投资者不会每时每刻都在市场里面投资——很多时候你就是应该完全清仓、持币观望。如果你不太清楚市场的走向，那就请你暂且等待吧。

原则十四，如果行情跟你对着干，千万不要情绪失控。如果你赚了钱，千万不要得意洋洋地认为对你来说在市场里赚钱太容易了。千万不要跟行情对抗——行情说什么就是什么……要跟行情保持和谐。

原则十五，要想成为市场里的超级交易员，你需要把以下四点做到极致：

· 观察力——能够不加偏见地观察市场里面的情况；

· 记忆力——要能够准确客观地记住发生过的重要事件；

· 计算能力——要对数字敏感，跟数字打交道感觉非常舒服；

· 要有经验——能够记住教训，从过去的经验中学习。

利弗莫尔相信，那些潜意识里的信息，或者是表面上的冲动，其实是潜意识在对你说话。潜意识现在正在调动你过去的经验——多年来交易中发生的点点滴滴。有时候，利弗莫尔会让自己的潜意识引领自己，甚至他有时候也不知道"为什么"。利弗莫尔相信亚里士多德曾经说过的一句话：

"之前的经验造就了我们。"

原则十六，你必须了解和控制自己的情绪，这样才有可能投机成功。

贪婪——这是一种存在于所有人身上的人类本性，《韦氏词典》是这样定义的：

"对于获得或占有的过度的渴望，这种渴望超过了一个人正常的需要，或者超过了他应得的。"

我们不知道贪婪是怎么产生的，它的原理又是如何，我们只是知道每个人身上都有贪婪的影子。

恐惧——一种随时准备跳出来的人类情绪，你不清楚哪一次心跳之后它就会蹦出来，而一旦出现，它就会扭曲你的理智。理性的人在恐惧的时候都有可能表现得不理智。而且人们在开始亏钱的时候就会变得恐惧。这个时候他们的判断能力都受到了损害。

希望——希望跟贪婪如影随形，特别是在股票市场中。当你建立了头寸之后就会开始不断产生希望。人的本性就是不断充满希望，看到光明面，不丧失希望。对于人类这一物种的生存来说，充满希望是非常关键的。但是希望会扭曲人的理智，就像市场中许多其他情绪一样，包括无知、贪婪和恐惧。希望让你看不清楚事实，而股票市场却只关心事实。就像不断旋转的轮盘赌一样，那一粒黑色小球决定了最后谁输谁赢，决定胜负的肯定不是贪婪、恐惧或者希望。胜负结果是客观的，最后根本不会给你机会争辩……就像是残酷的自然界一样。

原则十七，要随时当心自己的无知——你必须不断地研究和学习市场，不要马马虎虎，而是要深入进去，要做到学富五车。虽然股票市场看上去赚钱又快又容易，很多人因此就傻乎乎地把钱投入到股市中，乱来一气，他们做任何别的事情的时候都不会这样不小心的。那么无知的反面就是渴求知识了，确实，知识就是力量。

原则十八，股市里没有什么显而易见的事情。股市的存在就是为了在绝大多时候愚弄绝大多数的人。利弗莫尔的市场规则很大程度上是建立在逆向思维之上的。

原则十九，你不应该每时每刻都待在市场里。有些时候你就应该待在场外，有时候是因为你没办法控制情绪，有时候可能是因为经济上的原因。

原则二十，如果行情走势跟你买入卖出的决定不相吻合，那么就等待一下，直到你与它"吻合"为止。千万不要歪曲行情，自欺欺人，给自己的头寸找借口。

原则二十一，不要接受或者传播小道消息，你要记住："在牛市中股票都会上涨，在熊市中股票都会下跌。这就是人们应该了解的所有消息，你也可这样告诉那些向你询问消息的人。"

原则二十二，一个股票投机者可能会时常犯错，而且他自己明明知道自己错了，但还是会继续错下去，只是最后才责怪自己没有按照规则办事。这是非常错误的，我们不应该违反自己的交易规则。

原则二十三，千万不要坚持持有下跌的股票，不要"炒股炒成股东"。

原则二十四，千万不要在股票回调的时候买入，不要在反弹的时候做空。

原则二十五，不要使用"熊市"或者"牛市"这样的词语。使用这些词语，你会在相当长的时间里，在脑海中留下一种固定的市场方向。相反，当别人问你股市的趋势的时候，你可以使用"上行通道"以及"下行通道"这样的词语。你可以简单地说："此时此刻，最小阻力线要么往上，要么往下。"我就是这样说的。

原则二十六，投机也是一门生意，就像所有其他的生意一样，想要成功，就必须刻苦努力，非常勤奋才行。

总结

"不论是在华尔街，还是在股票投机的行当里面，都没有什么新鲜的把戏。过去曾经发生过的事情，今后也将不断重复。这是因为人性是不会改变的，人类的情感是牢牢根植于人的本性之中的，它总会与人类的智慧对着干。"

"对于这一点我确信无疑。"

图 11-1 显示了人类所时刻面对的，内心中的冲突。

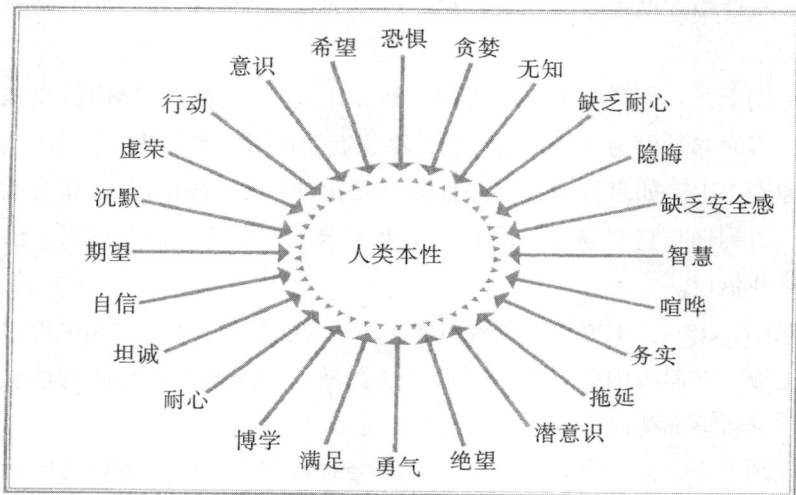

图 11-1　人类的本性

注：如果我们把投机者放在圆圈正中央，我们就能够一目了然地看到他必须要面对的情绪和心理压力。

对于西格蒙德·弗洛伊德来说，人类的心灵永远处于冲突当中，这是无从逃避的人类本性——就像一场从不结束的战争一样。

对于荣格来说，那些成功人士不断追求知识、启蒙以及和谐，他们最终能够实现自己的目标。

每个投机者都必须知道怎样处理自己的情绪问题，怎样面对股票市场上向自己心灵发射过来的"暴虐的毒箭"。

附录一

利弗莫尔的操盘体系[①]

（1940 年原版呈现）

在许多年的投机生涯之后，我终于意识到，股票市场里面没有什么新鲜的事情，股票波动不过是之前模式的重复，虽然不同股票的波动略有不同，但是模式总归大同小异。

就像我之前说的，我感到有必要将价格波动记录下来，这可能会成为日后判断价格波动的指南。我非常有动力去做这项工作，尽一切努力去寻找切入点来帮助我预测未来的行情。当然，这不是一件容易的事情。

现在，回过头来再看这些最初的努力尝试，我明白这些努力不会立刻获得回报。当时我一心想的只是投机，想的是能够有办法不停地在股市里面进进出出，抓住每一波小的当前行情。这是错误的，很快我就清楚地意识到了这一点。

我于是继续记录自己的行情，相信这将会对我有极大的价值，我所需要做的就是把其中的规律找出来。过了一段时间之后，我终于解开了这个秘密。行情很明确地告诉我，这种记录是不会帮助我理解当前市场的小波动的。但如果我运用自己的分析方法，就能够看到一个长期的价格波动模式正在我面前形成，这预示了未来的主要市场趋势。

从那一刻起，我决定忽略所有的小行情。

后来我继续不断地研究自己坚持记录的股票行情，我有一天忽然意识到，想要正确认识那些真正重要的行情波动，我必须要充分认识到时间因素的重要性。我开始精神百倍地钻研这个问题，想要找出判断行情大小的方法。我发现就算行情现在正处于一个明确的趋势中，市场上还是会有各

[①] 本部分内容系利弗莫尔亲笔所作。

种波动。这是一件让人非常疑惑的事情。但是现在我已经不会因为这些事情而担心了。

我想要发现促成一波自然反弹或者自然回调的影响因素。所以我开始研究一波价格波动到底会有多大幅度。开始，我用一美元来衡量，但是效果不太好。之后我用两美元来衡量，以此类推，终于，我找到了一个关键点，我想这就是促成一波自然反弹或者自然回调的因素。

为了简化整个流程，我特意去印刷了一叠工作表，上面是非常清楚的表格，之所以这样做，是为了能够制作出股价变动的轨迹图，以预测未来的价格波动。对于每一支股票来说，我都画出六列表格。当价格产生重要波动的时候我就会在表格里面对应的列上记下来。每一列表格都有自己的主题。

第一列是二次反弹。

第二列是自然反弹。

第三列是上涨趋势。

第四列是下跌趋势。

第五列是自然回调。

第六列是二次回调。

如果我要在上涨趋势那一列里面做记录，我就会用黑笔。在二次反弹和自然反弹两列里面，我会用铅笔做标记。而在下跌趋势那一列里面做记录时，我会用红笔。而在自然回调和二次回调两列里面，我还是会用铅笔做标记。

所以当我记录下上涨趋势或者下跌趋势的时候，我能够感知到当时真正趋势的变化。这些用不同颜色标注的价格就像是在对我说话一样。如果你能够坚持不懈地运用这种方式进行记录，那么你从中获得的信息是绝对不会出错的。

当我不断用铅笔进行记录的时候，我就知道现在只不过是自然的波动。（后来，我又印制了很多这种行情记录表，但是用浅蓝色的笔代替铅笔进行记录。）

我决定，如果一支股票的价格在30美元或者以上，那么当这支股票上涨或下跌一定的幅度时，我会确认出现了一波自然反弹或者自然回调，这里所说的"一定的幅度"大概是 6 美元。这种幅度的回调或者反弹并不意味着趋势改变了。这只是告诉我们，市场正在经历自然的调整。趋势没有改变，跟发生反弹或者回调之前一模一样。

接下来，我想解释一下，我不会因为一支股票的走势发生了改变，就认为那一个板块里面所有股票的走势都发生了改变。相反，我会把同一个板块里面的两支股票结合起来看，这样才能确认趋势是不是真的发生了变化，从而突破了关键价位。将这两支同类股的价格和走势结合起来看，我才能够得出我所说的关键价位。我发现某一支股票有时会自说自话，波动非常大，告诉我应该在上涨趋势或者下跌趋势的对应表格中记录一笔。但如果只是关注一支股票，我就有可能陷入被单一股票欺骗的危险。将两支股票的波动结合起来看就能够得出让人放心得多的结论。所以，关键价位必须要在两支股票同时改变趋势时才能确认。

让我举个例子说明这种找到关键价位的方法。如果你将 6 美元作为一波自然反弹或者回调的基本幅度的话，那么你将会发现，在我接下来的行情记录里面，有时候我会记录美国钢铁股票出现了 $5^{1}/_{8}$ 美元的波动，但是我认为这也算数，因为同时伯利恒钢铁波动了 7 美元。如果将两支股票的波动加总，那么这两支股票的走势就表明了关键价位。因为两支股票一共波动了 12 美元以上，达到了关键价位，平均波动的幅度也已经达到标准。

当两支股票的平均波动幅度达到 6 美元，即达到记录的标准之后，我会继续观察，把高于之前上涨趋势中录得的最高价格的价格和低于之前下跌趋势中录得的最低价格的价格记录下来。我将会一直记录下去，直到出现反转行情。而这波反转行情的确认，也需要每支股票平均向反方向波动最少 6 美元，总共波动 12 美元，这样才算是达到关键价位。

你会注意到，从那之后我就一直按照这种波幅标准来判断行情。我从来不会违反这个规则。我也从来不找借口，哪怕最后的结果跟我的预计不相吻合。要记住，我在行情记录表里面记下来的价格不是我一厢情愿想出来的。这些记录是在每日的交易中，由真实的价格波动所形成的。

当然，如果说我从这些行情记录里面发现了最最准确的交易原则，那肯定是在说大话，肯定是在误导别人，是不真诚的行为。我只能说通过这么多年不断的观察和反复的检验，我认为我已经找到了这么一些规则，能够用来当做指导记录行情的依据。从这些行情记录中，你能够找到一个股票交易的路线图，这可能对于你明确重要的价格波动会有所帮助。

有人曾经说过，判断准确就成功了一半。

当然了，想要成功地按照我的这套计划交易，就需要有勇气在该出手的时候及时出手，特别是你的行情记录明确告诉你时机已经出现的时候。这个时候根本容不得优柔寡断。你必须要按照这些要求来训练自己的大脑。如果你想等待别人帮你解释一下，帮你分析分析，或者帮你担保这样做准没错，那么出手良机就会错过了。

比如，所有的股票都在快速上涨，突然间欧洲宣布开战了，立刻所有的金融市场中都出现了自然回调。之后，我关注的四个主要板块里面的所有股票开始收复失地，并且创下新高——除了钢铁板块的股票。所有按照我的行情记录方法操作的人都会把他们的注意力放在钢铁板块的一蹶不振上面。因为此时，钢铁板块肯定有一个很好的理由不跟随其他板块一同上涨。肯定是有一个好的原因！但是当时我不明白这一点，我现在估计也没有几个人当时能够想到什么特别好的解释的理由。但是，只要是坚持记录行情的人就一定能够意识到，从钢铁股票的行情走势就能够看出，之前的上涨趋势已经结束了。

直到4个月之后，1940年1月中旬的时候，钢铁行业奇怪走势的原因才向公众公开。根据一则公告，在之前那段时间里，英国政府和加拿大政府分别抛售了10万股和2万股的美国钢铁股票。当这则公告发布的时候，美国钢铁的股票市场价格已经比1939年9月份的最高价下跌了26%，伯利恒钢铁则下跌了29%，而其他三个主要板块则比他们之前的高点下跌了$2\frac{1}{2}$美元到$12\frac{3}{4}$美元不等。要知道，他们是同时达到前期高点的！这件事情告诉我们，在你准备买入或卖出股票的时候，想要找到"具体的原因"是一件多么错误的事情。当你等到你想知道的那个原因时，你就已经错过了最合适的交易时机了。投资者或者投机者作出交易决策的唯一依据只能是市场波动本身。当市场没有波动，或者没有按照正常的方式波动的时候，你就应该立刻改变思路了！你要记住：股票波动总归是有自己的理由的。

你还要记住：很有可能你只能在将来的某一天才会得知为什么这支股票今天这样波动，不过那个时候想赚钱已经太晚了。

请允许我重复一下，我刚才提到的记录方式并不能够帮助你作出加仓的决定，也不能够保证在一波大行情中肯定不会出现任何反弹或者回调。我介绍这种方法的目的是帮助你抓住大行情，去找出大行情的启动点和结束点。如果严格遵循这套方法，你会发现它在这方面非常有效。我再强调一下，这套方法是为价格在30美元之上的活跃的股票设计的。虽然说同样的基本原则也适用于预测所有股票的市场走向，但是在预测那些非常低价的股票时，必须对公式做出一些调整。

这套方法其实没有什么复杂的。对于那些感兴趣的人来说，想要了解整套方法的原理没有什么难度，掌握起来也会很快。

在下一个部分（附录二），我将会给你展示一套我之前做过的行情记录表，对我所做的各项数据我都会进行详细的解释。

行情记录的规则及解释

1. 用黑笔在上涨趋势栏记录价格。

2. 用红笔在下跌趋势栏记录价格。

3. 用铅笔在其他四个栏记录价格（在本书中，出于印刷效果和技术方面的考虑，此部分数据被标记为蓝色）。

4-A. 当股价与最后一次记录在上涨趋势栏里的价格相比，回调了大约6美元的时候，在自然回调栏记录当天的股价数据，同时在你最后一次记录在上涨趋势栏的价格下面划红线。

4-B. 当股价与最后一次记录在自然回调栏里的价格相比，反弹了大约6美元的时候，在自然反弹或上涨趋势栏里记录下当天的股价，同时在最后一次记录在自然回调栏的价格下面划红线。

你现在已经有两个关键价位需要仔细监控，市场触碰这两个关键价位的方式肯定不完全一样。根据不同的市场表现，你就能够形成判断，行情是会沿着之前的趋势继续上涨，还是之前的趋势已经结束了。

4-C. 当股价与你最后一次记录在下跌趋势栏里的价格相比，反弹了大约 6 美元的时候，在自然反弹栏记录下当天的股价，同时，在你最后一次记录在下跌趋势栏的价格下面划黑线。

4-D. 当股价与你最后一次记录在自然反弹栏的价格相比，回调了大约 6 美元的时候，在自然回调栏记录下当天的股价，同时在你最后一次记录在自然反弹栏的价格下面划黑线。

5-A. 在自然反弹栏记录价格时，如果最新的价格比上一次自然反弹栏中记录的价格（下面应该划了黑线）高出 3 美元以上，那么这个最新的价格就应该用黑笔标注在上涨趋势栏中。

5-B. 在自然回调栏记录价格时，如果最新的价格比上一次自然回调栏中记录的价格（下面应该划了红线）低 3 美元以上，那么这个最新的价格就应该用红笔标注在下跌趋势栏中。

6-A. 在上涨趋势栏中记录价格时，如果最新的价格跟上一次上涨趋势栏中记录的价格相比，回调幅度达到 6 美元左右，那么你现在就应该将此后的价格记入自然回调栏，并且在接下来的每一天里面都持续记录这些价格，直到股价低于之前在自然回调栏中最后一次记录的价格。

6-B. 在自然反弹栏中记录价格时，如果股票的最新价格与上一次自然反弹趋势中记录的价格相比，回调幅度达到 6 美元左右，那么你现在就应该开始在自然回调栏记录价格，并且在接下来的每一天里都持续记录这些价格，直到股价低于之前在自然回调栏中最后一次记录的价格。如果股票价格低于最后一次在下跌趋势中记录的价格，那么你应该开始在下跌趋势栏中记录价格。

6-C. 在下跌趋势栏中记录价格时，如果股票的最新价格与上一次下跌趋势栏中记录的价格相比，反弹幅度达到 6 美元左右，那么你就应该开始在自然反弹栏中记录相关价格。你应该在接下来的每一天里都持续记录这些价格，直到股价高于之前在自然反弹栏中最后一次记录的价格。

6-D. 在自然回调栏记录价格时，如果股票的最新价格与上一次自然回调栏中记录的价格相比，反弹幅度达到 6 美元左右，那么你就应该开始在自然反弹栏中记录这些价格，并且在接下来的每一天里面都持续记录这些价格，直到股价高于之前在自然反弹栏中最后一次记录的价格。如果股票价格高于最后一次在上涨趋势栏中记录的价格，那么你应该开始在上涨趋势栏中记录价格。

6-E. 在自然回调栏记录价格时，如果股票价格继续下跌，且低于下跌趋势栏中最后一次记录的价格，那么此时你应该把当前价格用红笔记录在下跌趋势栏中。

6-F. 前一条规则同样适用于股价上涨时。在自然反弹栏记录价格时，如果股票价格继续上涨，且高于上涨趋势栏最后一次记录的价格，那么此时你应该把当前的价格用黑笔记录在上涨趋势栏。这个时候你就没有必要在自然反弹栏中记录价格了。

6-G. 在自然回调栏记录价格时，如果股价出现上涨，且与自然回调栏最后一次记录的价格相比，上涨幅度在 6 美元左右，但是还没有超过自然反弹栏最后一次记录的价格，那么你就应该转而在二次反弹栏记录价格，直到现价突破了自然反弹栏最后一次记录的价格。这个时候，你就应该再转而在自然反弹栏记录价格了。

6-H. 在自然反弹栏记录价格时，如果股价出现下跌，且与自然反弹栏最后一次记录的价格相比，下跌幅度在 6 美元左右，但是还没有低于自然回调栏最后一次记录的价格，那么你就应该转而在二次回调栏记录价格，直到现价突破了自然回调栏最后一次记录的价格。这个时候，你就应该再转而在自然回调栏记录价格了。

7. 在记录组合关键价位的时候也适用前一条规则——但是这个时候，你应该以 12 美元作为判断的基准，而不是 6 美元。

8. 当你在自然反弹栏或者自然回调栏记录价格时，在上涨趋势栏或者下跌趋势栏记录的最后一个价格就成为了一个关键价位。在这波反弹或者回调结束之后，你应该继续在之前的上涨趋势栏或者下跌趋势栏中记录价格，而反弹或者回调中的最高、最低价又成为新的关键价位。

两个关键价位接连都被突破之后，这些行情记录对你来说就变得非常有价值了，你可以由此判断大趋势未来的走向。我之所以会对这些关键价位格外留心，是因为我在这些价位下面都用红笔或者黑笔划了两根线。当初之所以划线，就是为了提醒自己注意这些关键价位，之后一旦股价接触或者接近这些关键价位，我就会格外仔细地观察。我会依据这些行情记录来决定接下来应该怎样行动。

9- A. 当最新的用红笔写在下跌趋势栏中的价格下面被划上黑线时，这可能是市场向你发出的一个信号，在提示你可以在这个关键价位附近买入。

9- B. 当自然反弹栏中的某个价格下面被划上了黑线，且股价在下一次反弹中即将接近这个关键价位时，你需要仔细留意，看行情是否足够强劲，使股价走势逆转，开始进入上涨趋势。

9- C. 当上涨趋势栏最后一次记录的价格下面划了红线，或者自然反弹栏最后一次记录的价格下面划了红线时，同样的规则也适用，只是走势方向相反。

10- A. 整套交易系统的设计目的是用来帮助交易者判断一支股票是否正在按照其正常的规则运行，特别是在这支股票出现第一次自然反弹或者第一次自然回调之后。如果行情继续按照之前的方向运行——不管之前是在上涨还是在下跌，那么这支股票都将突破前期的关键价位，如果是单支股票的话，那么至少比关键价位上涨或下跌3美元，如果是两支股票的组合关键价位的话，那么总共比关键价位上涨或下跌的幅度至少要达到6美元。

10- B. 如果这支股票没有沿着原来的方向继续运行——比方说，在回调中比前期的关键价位（上涨趋势栏中下面划了红线的那个价格）还要低3美元以上，那么意味着这支股票的上涨趋势已经结束了。

10- C. 同样的原理也可以应用于下跌趋势的分析——当一波自然反弹结束时，你会重新继续在下跌趋势栏记录下最新的价格；只有当这些新价格比之前的关键价位（被划了黑线的价格）低3美元以上时，下跌趋势才会延续下去。

10- D. 如果这支股票没有沿着原来的方向继续运行——比方说，在反弹中股价比前期的关键价位（下跌趋势中最后一次划了黑线的价格）还要高 3 美元以上，那么意味着这支股票的下跌趋势已经结束了。

10- E. 在自然反弹栏记录价格时，如果反弹比较短暂，股价在未达到之前上涨趋势栏中的关键价位（最后一次划了红线的价位）时，反弹就结束了，且反弹的最高点比那个关键价位要低 3 美元以上，那么这就是一个危险信号，说明这一波上涨趋势已经结束了。

10- F. 在自然回调栏记录价格时，如果回调比较短暂，股价未回调到之前下跌趋势栏中的关键价位（最后一次划了黑线的价位）时，回调就结束了，且回调的最低点比那个关键价位要高 3 美元以上，那么这也是一个危险信号，说明这一波下跌趋势已经结束了。

附录二

利弗莫尔操盘体系的行情
记录表和解析

表一

4月2日，股价开始自然反弹，我在自然反弹栏中记下了当天的价格，请参考规则6- B。同时，我还在下跌趋势栏中最后一次记录的价格下面划上黑线，请参考规则4- C。

4月28日，上涨的行情开始出现自然回调，我在自然回调栏记下当天的价格，请参考规则4- D。

表一

1938 日期	美国钢铁 二次反弹	自然反弹	上涨趋势	下跌趋势	自然回调	二次回调	伯利恒钢铁 二次反弹	自然反弹	上涨趋势	下跌趋势	自然回调	二次回调	组合价位 二次反弹	自然反弹	上涨趋势	下跌趋势	自然回调	二次回调
		65¾							57						122¾			
				48½							43¼					91¾		
		62⅛							65⅞						128			
				48¼							50⅛						98⅜	
								56⅞										
三月23				47								50¼					97¼	
24																		
25				44¾						46¾						91½		
周六26				44						46						90		
28				43⅝												89⅝		
29				39⅝						43						82⅝		
30				39						42⅛						81⅛		
31				38						40						78		
四月1																		
周六2		43½						46⅜						89⅞				
4																		
5																		
6																		
7																		
8																		
周六9		46½						49¾						96¼				
11																		
12																		
13		47¼												97				
14		47½												97¼				
周六16		49						52						101				
18																		
19																		
20																		
21																		
22																		
周六23																		
25																		
26																		
27																		
28					43													
29					42⅜						45						87⅜	
周六30																		
五月2					41½						44¼						85¾	
3																		
4																		

表二

这一页的行情记录表需要跟前一页结合起来看，这样你才能够看到所有的关键价位。

从 5 月 5 日到 5 月 21 日这段时间里（包括一头一尾两天），我没有记录任何价格，因为此时股价在自然回调过程中，并没有创出新低，同时也没有像样的反弹可供记录。

5 月 27 日，我用红笔记录了伯利恒钢铁的价格，因为这天的价格比之前那波下跌中的低点还要低，请参考规则 6- B。

6 月 2 日，伯利恒钢铁在 43 美元的价位出现买点，请参看规则 10 - C 和规则 10- D。同一天，美国钢铁在 $42^1/_4$ 出现买点，请参考规则 10- F。

6 月 10 日，伯利恒钢铁出现二次反弹，我在二次反弹栏记录了当天的价格，请参考规则 6 - E。

表二

日期	美国钢铁						伯利恒钢铁						组合价位					
	二次反弹	自然反弹	上涨趋势	下跌趋势	自然回调	二次回调	二次反弹	自然反弹	上涨趋势	下跌趋势	自然回调	二次回调	二次反弹	自然反弹	上涨趋势	下跌趋势	自然回调	二次回调
				38						40						78		
		49						52						101				
1938					41½						44¼						85¾	
5																		
6																		
周六7																		
9																		
10																		
11																		
12																		
13																		
周六14																		
16																		
17																		
18																		
19																		
20																		
周六21																		
23											44⅛						85⅝	
24											43½						85	
25					41⅜						42½						83⅞	
26					40⅛						40½						80⅝	
27					39⅞					39¾							79⅝	
周六28																		
31					39¼												79	
六月1																		
2																		
3																		
周六4																		
6																		
7																		
8																		
9																		
10							46½											
周六11																		
13																		
14																		
15																		
16																		

表三

6 月 20 日，美国钢铁的股价出现二次反弹，在二次反弹栏记录当天的价格，请参考规则 6 - G。

6 月 24 日，美国钢铁和伯利恒钢铁的股价出现上涨的趋势，在上涨趋势栏记下当天的价格，请参考规则 5- A。

7 月 11 日，美国钢铁和伯利恒钢铁的股价出现自然回调，在自然回调栏记录当天的价格，请参考规则 6 - A 以及规则 4- A。

7 月 19 日，美国钢铁和伯利恒钢铁的股价出现上涨的趋势，因为当日的价格比之前趋势中的高点更高，所以在上涨趋势栏用黑笔记下当天的价格，请参考规则 4- B。

表三

日期	二次反弹	自然反弹	上涨趋势	下跌趋势	自然回调	二次回调	二次反弹	自然反弹	上涨趋势	下跌趋势	自然回调	二次回调	二次反弹	自然反弹	上涨趋势	下跌趋势	自然回调	二次回调
				38						40						78		
		49						52						101				
					39 1/4						39 3/4							79	
						46 1/2													
1938 日期			美国钢铁						伯利恒钢铁						组合价位			
六月17																		
周六18																		
20	45 3/8						48 1/4						93 5/8					
21	46 1/2						49 7/8						96 3/8					
22	48 1/2						50 7/8						99 3/8					
23		51 1/4						53 1/4						104 1/2				
24			53 3/4						55 1/8						108 7/8			
周六25			54 7/8						58 1/8						113			
27																		
28																		
29			56 7/8						60 1/8						117			
30			58 3/8						61 5/8						120			
七月1			59												120 5/8			
2			60 7/8						62 1/2						123 3/8			
5																		
6																		
7			61 3/4												124 1/2			
8																		
周六9																		
11				55 5/8						56 3/4						112 3/8		
12				55 1/2												112 1/4		
13																		
14																		
15																		
周六16																		
18																		
19		62 1/8						63 1/8						125 1/4				
20																		
21																		
22																		
周六23																		
25		63 1/4												126 3/8				
26																		
27																		
28																		
29																		

表四

8月12日，美国钢铁的股票出现二次回调，因为这时的低点没有低于前一次自然回调的低点，所以在二次回调栏记录当天的价格。同一天，伯利恒钢铁的股票出现自然回调，因为此时的股价比之前自然回调的低点更低，所以在自然回调栏记录当天的价格。

8月24日，美国钢铁和伯利恒钢铁的股票出现自然反弹，在自然反弹栏记录当天的价格，请参考规则6-D。

8月29日，美国钢铁和伯利恒钢铁的股价开始出现二次回调，在二次回调栏记录当天的价格，请参考规则6-H。

表四

	二次反弹	自然反弹	上涨趋势	下跌趋势	自然回调	二次回调	二次反弹	自然反弹	上涨趋势	下跌趋势	自然回调	二次回调	二次反弹	自然反弹	上涨趋势	下跌趋势	自然回调	二次回调
			$61\frac{3}{4}$						$62\frac{1}{2}$						$124\frac{1}{4}$			
					$55\frac{1}{2}$						$56\frac{3}{4}$						$112\frac{1}{4}$	
			$63\frac{1}{4}$						$63\frac{1}{8}$						$126\frac{3}{8}$			
1938																		
日期			美国钢铁						伯利恒钢铁						组合价位			
周六 七月 30																		
八月 1																		
2																		
3																		
4																		
5																		
周六 6																		
8																		
9																		
10																		
11																		
12						$56\frac{5}{8}$					$54\frac{7}{8}$						$111\frac{1}{2}$	
周六 13						$56\frac{1}{2}$					$54\frac{5}{8}$						$111\frac{1}{8}$	
15																		
16																		
17																		
18																		
19																		
周六 20																		
22																		
23																		
24		$61\frac{5}{8}$						$61\frac{3}{8}$						123				
25																		
26		$61\frac{7}{8}$						$61\frac{1}{2}$						$123\frac{3}{8}$				
周六 27																		
29						$56\frac{1}{8}$						55					—	
30																		
31																		
九月 1																		
2																		
周六 3																		
6																		
7																		
8																		
9																		
周六 10																		

表五

9 月 14 日，美国钢铁的股价开始出现下跌趋势，在下跌趋势栏记录当天价格，请参考规则 5- B。同一天，伯利恒钢铁的股价出现自然回调，在自然回调栏记录当天的价格，之所以还认为伯利恒钢铁是自然回调，是因为现在的价格还没有低于之前用红笔标注的前期低点超过 3 美元。9 月 20 日，美国钢铁和伯利恒钢铁的价格出现二次反弹，在二次反弹栏记录当天的价格。此时，美国钢铁的股票请参考规则 6- C，伯利恒钢铁的股票请参考规则 6- D。

9 月 24 日，美国钢铁的股价出现下跌趋势，在下跌趋势栏用红笔记录当天的价格，现在股价已创出新低了。

9 月 29 日，美国钢铁的股价和伯利恒钢铁的股价出现二次反弹，在二次反弹栏记录当天的价格，请参考 6- G。

10 月 5 日，美国钢铁的股价出现上涨趋势，在上涨趋势栏用黑笔记录当天的价格，请参考规则 5- A。

10 月 8 日，伯利恒钢铁的股价出现上涨趋势，在上涨趋势栏用黑笔记录当天的价格，请参考规则 6- D。

表五

日期	美国钢铁 二次反弹	美国钢铁 自然反弹	美国钢铁 上涨趋势	美国钢铁 下跌趋势	美国钢铁 自然回调	美国钢铁 二次回调	伯利恒钢铁 二次反弹	伯利恒钢铁 自然反弹	伯利恒钢铁 上涨趋势	伯利恒钢铁 下跌趋势	伯利恒钢铁 自然回调	伯利恒钢铁 二次回调	组合价位 二次反弹	组合价位 自然反弹	组合价位 上涨趋势	组合价位 下跌趋势	组合价位 自然回调	组合价位 二次回调
			63¼						63⅛						126⅝			
					55½						54⅜						111⅛	
								61½						123⅜				
		61⅞																
1938						56⅛						55						
九月12																		
13					54¼						53⅝						107⅞	
14				52							52½					104½		
15																		
16																		
周六17																		
19																		
20		57⅝						58¼										
21		58												116¼				
22																		
23																		
周六24				51⅞							52					103⅞		
26				51⅛							51¼					102⅜		
27																		
28				50⅞							51					101⅞		
29	57⅛						57¾						114⅞					
30		59¼						59½						118¾				
周六十月1		60¼						60						120¼				
3		60⅜						60⅜						120¾				
4																		
5			62					62							124			
6			63					63							126			
7																		
周六8			64¼						64						128¼			
10																		
11																		
13			65⅜						65⅛						130½			
14																		
周六15																		
17																		
18																		
19																		
20																		
21																		
周六22			65⅞						67½						133⅜			
24			66												133½			

表六

    11 月 18 日，美国钢铁和伯利恒钢铁的股价出现自然回调，在自然回调栏记录当天的价格，请参考规则 6- A。

表六

日期	二次反弹	自然反弹	上涨趋势	下跌趋势	自然回调	二次回调	二次反弹	自然反弹	上涨趋势	下跌趋势	自然回调	二次回调	二次反弹	自然反弹	上涨趋势	下跌趋势	自然回调	二次回调
1938			66						67½						133½			
日期			美国钢铁						伯利恒钢铁						组合价位			
十月25			66⅛						67⅞						134			
26																		
27			66½						68⅞						135⅜			
28																		
周六29																		
31																		
十一月1									69						135½			
2																		
3									69½						136			
4																		
周六5																		
7			66¾						71⅞						138⅝			
9			69½						75⅜						144⅞			
10			70						75½						145½			
周六12			71¼						77⅝						148⅞			
14																		
15																		
16																		
17																		
18					65⅛						71⅞						137	
周六19																		
21																		
22																		
23																		
25																		
周六26					63¼						71½						134¾	
28					61						68¾						129¾	
29																		
30																		
十二月1																		
2																		
周六3																		
5																		
6																		
7																		
8																		

表七

12 月 14 日，美国钢铁和伯利恒钢铁的股价开始出现自然反弹，在自然反弹栏记录当天的价格，请参考规则 6- D。

12 月 28 日，伯利恒钢铁的股价出现上涨趋势，此时的股价比前期高点更高，因此在上涨趋势栏黑笔记录当天的价格。

1 月 4 日，根据利弗莫尔市场规则，行情记录表反映，新一波市场趋势已经出现，请参考规则 10- A 和规则 10- B。

1 月 12 日，美国钢铁和伯利恒钢铁的股价出现二次回调，在二次回调栏记录当天的价格，请参考规则 6- H。

表七

日期	美国钢铁 二次反弹	美国钢铁 自然反弹	美国钢铁 上涨趋势	美国钢铁 下跌趋势	美国钢铁 自然回调	美国钢铁 二次回调	伯利恒钢铁 二次反弹	伯利恒钢铁 自然反弹	伯利恒钢铁 上涨趋势	伯利恒钢铁 下跌趋势	伯利恒钢铁 自然回调	伯利恒钢铁 二次回调	组合价位 二次反弹	组合价位 自然反弹	组合价位 上涨趋势	组合价位 下跌趋势	组合价位 自然回调	组合价位 二次回调
			$71\frac{1}{4}$						$77\frac{5}{8}$						$148\frac{7}{8}$			
					61						$68\frac{3}{4}$						$129\frac{3}{4}$	
1938 日期																		
十二月9																		
周六10																		
12																		
13																		
14		$66\frac{5}{8}$						$75\frac{1}{4}$						$141\frac{7}{8}$				
15		$67\frac{1}{8}$						$76\frac{3}{8}$						$143\frac{1}{2}$				
16																		
周六17																		
19																		
20																		
21																		
22																		
23																		
周六24																		
27																		
28		$67\frac{3}{4}$							78					$145\frac{3}{4}$				
29																		
30																		
周六31																		
1939 一月3																		
4		70							80						150			
5																		
6																		
周六7																		
9																		
10																		
11												$73\frac{3}{4}$						
12						$62\frac{5}{8}$						$71\frac{1}{2}$						$134\frac{1}{8}$
13																		
周六14																		
16																		
17																		
18																		
19																		
20																		
周六21						62						$69\frac{1}{2}$						$131\frac{1}{2}$

表八

1月23日，美国钢铁和伯利恒钢铁的股价开始出现下跌趋势，在下跌趋势栏记录当天的价格，请参考规则5- B。

1月31日，美国钢铁和伯利恒钢铁的股价出现自然反弹，在自然反弹栏记录当天的价格，请参考规则6- C和规则4- C。

表八

	二次反弹	自然反弹	上涨趋势	下跌趋势	自然回调	二次回调	二次反弹	自然反弹	上涨趋势	下跌趋势	自然回调	二次回调	二次反弹	自然反弹	上涨趋势	下跌趋势	自然回调	二次回调
			$71\frac{1}{4}$		61					$77\frac{5}{8}$	$68\frac{3}{4}$				$148\frac{7}{8}$		$129\frac{3}{4}$	
		70						80						150				
						6.2					$69\frac{1}{2}$						$131\frac{1}{2}$	
1939 日期			**美国钢铁**						**伯利恒钢铁**						**组合价位**			
一月23				$57\frac{7}{8}$						$63\frac{3}{4}$						$121\frac{7}{8}$		
24				$56\frac{1}{2}$						$63\,a$						$119\frac{3}{4}$		
25				$55\frac{5}{8}$						63						$118\frac{5}{8}$		
26				$53\frac{1}{4}$						$60\frac{1}{2}$						$113\frac{1}{2}$		
27																		
周六28																		
30																		
31		$59\frac{1}{2}$						$68\frac{1}{2}$						128				
二月1																		
2		60												$122\frac{1}{2}$				
3																		
周六4		$60\frac{5}{8}$						69						$129\frac{5}{8}$				
6								$69\frac{3}{8}$						$130\frac{3}{4}$				
7																		
8																		
9																		
10																		
周六11																		
14																		
15																		
16								$70\frac{1}{2}$						$131\frac{3}{8}$				
17		$61\frac{1}{8}$						$71\frac{1}{4}$						$132\frac{3}{8}$				
周六18		$61\frac{1}{4}$												$132\frac{1}{4}$				
20																		
21																		
23																		
24		$62\frac{1}{4}$						$72\frac{3}{8}$						$139\frac{5}{8}$				
周六25		$63\frac{3}{4}$						$74\frac{3}{4}$						$138\frac{5}{8}$				
27																		
28		$64\frac{3}{4}$						75						$139\frac{1}{4}$				
三月1																		
2																		
3		$64\frac{7}{8}$						$75\frac{1}{4}$						190				
周六4								$75\frac{1}{2}$						$140\frac{3}{8}$				
6																		
7																		

表九

3 月 16 日，美国钢铁和伯利恒钢铁的股价出现自然回调，在自然回调栏记录当天的股价，请参考规则 6- B。

3 月 30 日，美国钢铁的股价出现下跌趋势，此时股价比之前下跌趋势中的低点更低，因此在下跌趋势栏记录当天的价格。

3 月 31 日，伯利恒钢铁的股价出现下跌趋势，此时股价比之前下跌趋势中的低点更低，因此在下跌趋势栏记录当天的股价。

4 月 15 日，美国钢铁和伯利恒钢铁的股价出现自然反弹，在自然反弹栏记录当天的股价，请参考规则 6- C。

表九

日期	二次反弹	自然反弹	上涨趋势	下跌趋势	自然回调	二次回调	二次反弹	自然反弹	上涨趋势	下跌趋势	自然回调	二次回调	二次反弹	自然反弹	上涨趋势	下跌趋势	自然回调	二次回调
				$53\frac{3}{4}$						$60\frac{1}{4}$						$113\frac{1}{2}$		
1939		$64\frac{7}{8}$						$75\frac{1}{2}$						$140\frac{3}{8}$				
日期	美国钢铁						伯利恒钢铁						组合价位					
三月8		65												$140\frac{1}{2}$				
9		$65\frac{1}{2}$						$75\frac{7}{8}$						$141\frac{3}{8}$				
10																		
周六11																		
13																		
14																		
15																		
16				$59\frac{5}{8}$						$69\frac{1}{4}$						$128\frac{7}{8}$		
17				$56\frac{3}{4}$						$66\frac{3}{4}$						$123\frac{1}{2}$		
周六18				$54\frac{1}{4}$						65						$119\frac{1}{4}$		
20																		
21																		
22					$53\frac{1}{2}$						$63\frac{5}{8}$						$117\frac{7}{8}$	
23																		
24																		
周六25																		
27																		
28																		
29																		
30				$52\frac{7}{8}$						62						$114\frac{7}{8}$		
31				$49\frac{7}{8}$						$58\frac{3}{4}$						$108\frac{5}{8}$		
四月 周六1																		
3																		
4				$48\frac{1}{4}$						$57\frac{5}{8}$						$105\frac{7}{8}$		
5																		
6				$47\frac{1}{4}$						$55\frac{1}{2}$						$102\frac{3}{4}$		
8				$45\frac{5}{8}$						$52\frac{1}{4}$						$97\frac{7}{8}$		
10																		
11				$44\frac{3}{4}$						$51\frac{5}{8}$						96		
12																		
13																		
14																		
周六15	50						$58\frac{1}{2}$						$108\frac{1}{2}$					
17																		
18																		
19																		

表十

5 月 17 日，美国钢铁和伯利恒钢铁的股价出现自然回调。第二天，也就是 5 月 18 日，美国钢铁的股价出现下跌趋势，因此在下跌趋势栏记录当天的股价，请参考规则 6- E。

5 月 19 日，我在下跌趋势栏用红线做出标示，这意味着之前下跌趋势中的最低价又一次出现了。

5 月 25 日，美国钢铁和伯利恒钢铁的股价出现二次反弹，因此在二次反弹栏记录当天的价格，请参考规则 6- G。

表十

日期	二次反弹	自然反弹	上涨趋势	下跌趋势	自然回调	二次回调	二次反弹	自然反弹	上涨趋势	下跌趋势	自然回调	二次回调	二次反弹	自然反弹	上涨趋势	下跌趋势	自然回调	二次回调
			美国钢铁						佰利恒钢铁						组合价位			
		50	$44\frac{3}{4}$					$58\frac{1}{2}$	$51\frac{5}{8}$					$108\frac{1}{2}$	96			
1939																		
四月20																		
21																		
周六22																		
24																		
25																		
26																		
27																		
28																		
周六29																		
五月1																		
2																		
3																		
4																		
5																		
周六6																		
8																		
9																		
10																		
11																		
12																		
周六13																		
15																		
16																		
17			$44\frac{5}{8}$						52						$96\frac{5}{8}$			
18				$43\frac{1}{4}$												$95\frac{1}{4}$		
19																$94\frac{7}{8}$		
周六20																		
22																		
23																		
24																		
25	$48\frac{3}{4}$						$57\frac{3}{4}$						$106\frac{1}{2}$					
26	49						58						107					
27	$49\frac{3}{8}$							—					$107\frac{5}{8}$					
周六29		$50\frac{1}{4}$						$59\frac{3}{8}$						$109\frac{5}{8}$				
31		$50\frac{7}{8}$						60						$110\frac{7}{8}$				
六月1																		

表十一

6月16日，伯利恒钢铁的股价出现自然回调，因此在自然回调栏记录当天的股价，请参考规则6-B。

6月28日，美国钢铁的股价出现自然回调，因此在自然回调栏记录当天的价格，请参考规则6-B。

6月29日，伯利恒钢铁的股价出现下跌趋势，此时股价比之前下跌趋势中的低点更低，因此在下跌趋势栏记录当天的股价。

7月13日，美国钢铁和伯利恒钢铁的股价出现二次反弹，因此在二次反弹栏记录当天的股价，请参考规则6-G。

表十一

	二次反弹	自然反弹	上涨趋势	下跌趋势	自然回调	二次回调	二次反弹	自然反弹	上涨趋势	下跌趋势	自然回调	二次回调	二次反弹	自然反弹	上涨趋势	下跌趋势	自然回调	二次回调
				49 3/8						51 5/8						96		
		50						58 1/2						108 1/2				
				43 1/4						—						94 7/8		
1939		50 7/8						60						110 7/8				
日期			美国钢铁						伯利恒钢铁							组合价位		
六月2																		
周六3																		
5																		
6																		
7																		
8																		
9																		
周六10																		
12																		
13																		
14																		
15																		
16											54							
周六17																		
19																		
20																		
21																		
22																		
23																		
周六24																		
26																		
27																		
28					45						52 1/2						97 1/2	
29					43 3/4					51						94 3/4		
30					43 5/8					50 1/4						93 7/8		
周六 七月1																		
3																		
5																		
6																		
7																		
周六8																		
10																		
11																		
12																		
13	48 1/4						57 1/4						105 1/2					
14																		

表十二

　　7月21日，伯利恒钢铁的股价出现上涨趋势。第二天，7月22日，美国钢铁的股价也出现上涨趋势，请参考规则5-A。

　　8月4日，美国钢铁和伯利恒钢铁的股价出现自然回调，因此在自然回调栏记录当天的价格，请参考规则4-A。

　　8月23日，美国钢铁的股价出现下跌趋势，此时股价比之前下跌趋势中的低点更低，因此在下跌趋势中记录当天的价格。

表十二

	美国钢铁						伯利恒钢铁						组合价位					
1939 日期	二次反弹	自然反弹	上涨趋势	下跌趋势	自然回调	二次回调	二次反弹	自然反弹	上涨趋势	下跌趋势	自然回调	二次回调	二次反弹	自然反弹	上涨趋势	下跌趋势	自然回调	二次回调
				43 1/4						51 5/8						94 7/8		
		50 7/8						60						110 7/8				
					43 5/8					50 1/4						93 7/8		
1939	48 1/4						57 1/4						105 1/2					
周六 七月15																		
17	50 3/4							60 3/8						111 1/8				
18		51 7/8						62						113 7/8				
19																		
20																		
21		52 1/2							63					115 1/2				
周六22			54 1/8						65						119 1/8			
24																		
25			55 1/8						65 3/4						120 7/8			
26																		
27																		
28																		
周六29																		
31																		
八月1																		
2																		
3																		
4					49 1/2						59 1/2						109	
周六5																		
7					49 1/4												108 3/4	
8																		
9											59						108 1/4	
10					47 3/4						58						105 3/4	
11					47												105	
周六12																		
14																		
15																		
16																		
17					46 1/2												104 1/2	
18					45						55 1/8						100 1/8	
周六19																		
21					43 3/8						53 3/8						96 3/4	
22																		
23				42 5/8													96	
24				41 5/8							51 7/8					93 1/2		
25																		

表十三

8 月 29 日，美国钢铁和伯利恒钢铁的股价出现自然反弹，在自然反弹栏记录当天的价格，请参考规则 6-D。

9 月 2 日，美国钢铁和伯利恒钢铁的股价出现上涨趋势，此时的股价比前期上涨中的高点更高，因此在上涨趋势栏记录当天的价格。

9 月 14 日，美国钢铁和伯利恒钢铁的股价出现自然回调，因此在自然回调栏记录当天的价格，请参考规则 6-A 和规则 4-A。

9 月 19 日，美国钢铁和伯利恒钢铁的股价出现自然反弹，因此在自然反弹栏记录当天的价格，请参考规则 6-D 和规则 4-B 项规则。

9 月 28 日，美国钢铁和伯利恒钢铁的股票出现二次回调，在二次回调栏记录当天的价格，请参考规则 6-H。

10 月 6 日，美国钢铁和伯利恒钢铁的股价出现二次反弹，在二次反弹栏记录当天的价格，请参考规则 6-G。

表十三

日期	二次反弹	自然反弹	上涨趋势	下跌趋势	自然回调	二次回调	二次反弹	自然反弹	上涨趋势	下跌趋势	自然回调	二次回调	二次反弹	自然反弹	上涨趋势	下跌趋势	自然回调	二次回调
				$43\frac{3}{4}$						$50\frac{3}{4}$						$93\frac{7}{8}$		
			$55\frac{3}{8}$						$65\frac{1}{4}$						$120\frac{7}{8}$			
1939			$41\frac{7}{8}$						$51\frac{7}{8}$						$93\frac{1}{2}$			
美国钢铁							伯利恒钢铁						组合价位					
八月26 周六																		
28																		
29		48						$60\frac{1}{2}$						$108\frac{1}{2}$				
30																		
31																		
九月1		52						$65\frac{1}{2}$						$117\frac{1}{2}$				
周六2			$55\frac{1}{4}$						$70\frac{3}{8}$						$125\frac{5}{8}$			
5			$66\frac{7}{8}$						$85\frac{1}{2}$						$152\frac{3}{8}$			
6																		
7																		
8			$69\frac{3}{4}$						87						$156\frac{3}{4}$			
周六9			70						$88\frac{1}{4}$						$158\frac{1}{4}$			
11			$78\frac{5}{8}$						100						$178\frac{5}{8}$			
12			$82\frac{3}{4}$												$182\frac{3}{4}$			
13																		
14					$76\frac{3}{8}$						$91\frac{1}{4}$						$168\frac{3}{8}$	
15																		
周六16					$75\frac{1}{2}$						$88\frac{3}{8}$						$163\frac{7}{8}$	
18					$70\frac{1}{2}$						$83\frac{3}{4}$						$159\frac{7}{8}$	
19	78							$92\frac{3}{8}$						$170\frac{3}{8}$				
20	$80\frac{5}{8}$							$95\frac{5}{8}$						$176\frac{1}{4}$				
21																		
22																		
周六23																		
25																		
26																		
27																		
28					$75\frac{1}{8}$						89						$169\frac{1}{8}$	
29					$73\frac{1}{2}$						$86\frac{3}{4}$						$160\frac{1}{4}$	
周六30																		
十月2																		
3																		
4					73						$86\frac{1}{4}$						$159\frac{1}{4}$	
5																		
6	$78\frac{1}{2}$							$92\frac{3}{4}$						$171\frac{1}{4}$				
周六7																		

169

表十四

　　11 月 3 日，美国钢铁的股价出现二次回调，此时股价比之前回调中的低点更低，因此在二次回调栏记录当天的价格。

　　11 月 9 日，美国钢铁的股价在自然回调过程中出现大幅下跌，触碰到前期自然回调中的低点，同一天，伯利恒钢铁在自然回调中也出现新低，此时股价比之前自然回调中的低点更低。

表十四

	二次反弹	自然反弹	上涨趋势	下跌趋势	自然回调	二次回调	二次反弹	自然反弹	上涨趋势	下跌趋势	自然回调	二次回调	二次反弹	自然反弹	上涨趋势	下跌趋势	自然回调	二次回调
			82 3/4						100						182 3/4			
					70 1/2						83 3/4						154 1/4	
		80 5/8						95 5/8						176 1/4				
						73						86 1/4						159 1/4
1939	78 1/2						92 3/4						171 1/4					
日期			美国钢铁						伯利恒钢铁						组合价位			
十月9																		
10																		
11																		
13																		
周六14																		
16																		
17	78 7/8						93 7/8						172 3/4					
18	79 1/4												173 1/2					
19																		
20																		
周六21																		
23																		
24																		
25																		
26																		
27																		
周六28																		
30																		
31																		
十一月1																		
2																		
3						72 1/2												
周六4																		
6																		
8						72 1/8						86 1/8						158 1/4
9					—						83 1/4						153 3/4	
10					68 3/4						81 3/4						150 1/2	
13																		
14																		
15																		
16																		
17																		
周六18																		
20																		
21																		
22																		

表十五

　　11 月 24 日，美国钢铁的股价出现下跌趋势，在下跌趋势栏中记录当天的价格，请参考规则 6- E。第二天，11 月 25 日，伯利恒钢铁的股价出现下跌趋势，在下跌趋势栏记录当天的价格，请参考规则 6- E。

　　12 月 7 日，美国钢铁和伯利恒钢铁的股价出现自然反弹，在自然反弹栏记录当天的股价，请参考规则 6- C。

表十五

日期	二次反弹	自然反弹	上涨趋势	下跌趋势	自然回调	二次回调	二次反弹	自然反弹	上涨趋势	下跌趋势	自然回调	二次回调	二次反弹	自然反弹	上涨趋势	下跌趋势	自然回调	二次回调
			$82\frac{3}{4}$						100						$182\frac{3}{4}$			
					$70\frac{1}{2}$						$83\frac{3}{4}$						$155+$	
		$80\frac{5}{8}$						$95\frac{5}{8}$						$176+$				
1939					$68\frac{3}{4}$						$81\frac{1}{4}$						$150\frac{1}{2}$	
日期	**美国钢铁**						**伯利恒钢铁**						**组合价位**					
十一月24				$66\frac{7}{8}$						81						$147\frac{7}{8}$		
周六25										$80\frac{3}{4}$						$147\frac{7}{8}$		
27																		
28																		
29				$65\frac{7}{8}$						$78\frac{1}{2}$						144		
30				$63\frac{5}{8}$						77						$140\frac{5}{8}$		
十二月1																		
周六2																		
4																		
5																		
6																		
7		$69\frac{3}{4}$						84						$153\frac{3}{4}$				
8																		
周六9																		
11																		
12																		
13																		
14								$84\frac{3}{8}$						$154\frac{5}{8}$				
15																		
周六16																		
18																		
19																		
20																		
21																		
22																		
周六23																		
26																		
27																		
28																		
29																		
周六30																		
1940 一月2																		
3																		
4																		
5																		
周六6																		

表十六

1 月 9 日，美国钢铁和伯利恒钢铁的股价出现自然回调，在自然回调栏记录当天的价格，请参考规则 6- B。

1 月 11 日，美国钢铁和伯利恒钢铁的股价出现下跌趋势，此时股价比之前下跌趋势中的低点更低，因此在下跌趋势栏记录当天的价格。

2 月 7 日，伯利恒钢铁出现自然反弹，在自然反弹栏记录当天的价格，这是该股票第一次单日涨幅达到 6 美元，符合了我之前设定的标准。第二天，美国钢铁的股价追随伯利恒钢铁，触碰到关键价位，其上涨的幅度也足够大，所以也被记入了自然反弹栏。

表十六

	二次反弹	自然反弹	上涨趋势	下跌趋势	自然回调	二次回调	二次反弹	自然反弹	上涨趋势	下跌趋势	自然回调	二次回调	二次反弹	自然反弹	上涨趋势	下跌趋势	自然回调	二次回调
				63 5/8						77						140 5/8		
1940		69 3/4						84 7/8						154 5/8				
日期	美国钢铁						伯利恒钢铁						组合价位					
一月8																		
9					64 1/4						78 1/2						142 3/4	
10					63 3/4												142 1/4	
11				62						76 1/2						138 1/2		
12				60 1/8						74 1/8						134 1/4		
周六13				59 5/8						73 1/2						133 1/8		
15				57 1/2						72						129 1/2		
16																		
17																		
18				56 7/8						71 1/2						128 3/8		
19										71						127 7/8		
周六20																		
22				55 7/8						70 1/8						126		
23																		
24																		
25																		
26																		
周六27																		
29																		
30																		
31																		
二月1																		
2																		
周六3																		
5																		
6																		
7								76 3/8										
8		61						78						139				
9		61 3/4						79 1/2						141 1/4				
周六10																		
13																		
14																		
15																		
16					56 1/8													
周六17																		
19																		

· 好 书 推 荐 ·

《股票投资百年经典译丛》

时间筛选出的百年股市精品
专业人士立足 A 股市场的全新解读
散户股民稳定获利的必读之作

江恩操盘理念的完整汇集
准确捕捉股票操作的信息与灵感

书名：《江恩股市操盘术（专业解读版）》
作者：【美】威廉·D.江恩　译者：唐璐　点评：张艺博
书号：978-7-115-37286-4

华尔街投资大师 10 年投资记录完美解读
系统诠释江恩趋势理论七大原则

书名：《江恩股市趋势理论（专业解读版）》
作者：【美】威廉·D.江恩　译者：张艺博
书号：978-7-115-37621-3

江恩一生投资策略的总结之作，告诉你股市周期循环的每个细节

书名：《江恩华尔街45年（专业解读版）》
作者：【美】威廉·D.江恩　译者：段会青 袁熙　点评：袁熙
书号：978-7-115-38664-9

道琼斯公司创始人查尔斯·道、
《股市晴雨表》作者威廉·彼得·汉密尔顿、
道氏理论伟大的研究者和推广者罗伯特·雷亚三者市场智慧的结晶

书名：《道氏理论（专业解读版）》
作者：【美】罗伯特·雷亚（Robert Rhea）　译者：谢飞
书号：978-7-115-39921-2

《华尔街日报》资深编辑一生的著名作品
道氏理论的典藏之作

书名：《股市晴雨表（专业解读版）》
作者：【美】威廉·彼得·汉密尔顿　译者：张艺博
书号：978-7-115-36989-5

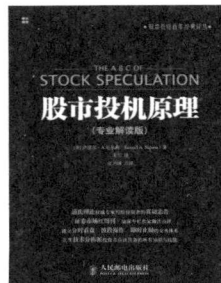

分时看盘、波段操作、立即止损
直指股市本质的投资箴言

书名：《股市投机原理（专业解读版）》
作者：【美】萨缪尔·尼尔森　译者：朱玥　点评：张艺
书号：978-7-115-37768-5

编辑电话：010-81055647　　读者热线：010-81055656 010-81055657